weissbooks.w

Elisabeth Borchers
Nicht zur
Veröffentlichung
bestimmt
Ein Fragment

Herausgegeben und
mit einem Nachwort
von Martin Lüdke

weissbooks.w

Nicht zur
Veröffentlichung
bestimmt

Elisabeth Borchers wurde am 27. Februar 1926 in Homberg am Niederrhein geboren. Während des Zweiten Weltkrieges lebte sie bei ihren Großeltern in Niederbronn im Elsaß. Von 1945 bis 1954 arbeitete sie als Dolmetscherin für die französische Besatzungsmacht. Sie heiratete 1946. Die Ehe, aus der zwei Kinder, Ralf und Uwe, hervorgingen, wurde 1957 geschieden. Von 1960 bis 1971 arbeitete sie als Lektorin im Luchterhand Verlag in Neuwied. Von 1971 bis 1998 war sie (Chef-)Lektorin im Suhrkamp Verlag in Frankfurt am Main.

Neben zahlreichen Gedichtbänden (u.a. *Gesammelte Gedichte, Alles redet, schweigt und ruft* bei Suhrkamp und *Achtundachtzig. Ausgewählte Gedichte* bei weissbooks.w) hat sie mehrere Kinderbücher veröffentlicht. Auch als Übersetzerin, vor allem aus dem Französischen (u.a. Marguerite Duras, Pierre Jean Jouve), war Elisabeth Borchers tätig. Für ihr lyrisches Werk wurde sie auch mit dem Friedrich-Hölderlin-Preis der Stadt Bad Homburg und dem Roswitha-Preis der Stadt Gandersheim ausgezeichnet. Ihre bekanntesten Werke sind *Wer lebt, Von der Grammatik des heutigen Tages,* sowie *Eine Geschichte auf Erden.* Elisabeth Borchers verstarb 2013 in Frankfurt am Main.

Inhalt

Kleine Vorbemerkung
von Ralf Borchers und Martin Lüdke   13

Nicht zur Veröffentlichung bestimmt   17

Nachwort
Der Wind, der weht vom Niederrhein.
Anmerkungen zu Elisabeth Borchers
von Martin Lüdke   151

Kleine Vorbemerkung

Im Nachlass von Elisabeth Borchers fand ihr Sohn Ralf im Frühjahr 2014 das von ihr noch einmal korrigierte Manuskript der hier vorgelegten Aufzeichnungen. Im Verlauf des Jahres wurde das Manuskript an den Verlag weissbooks.w, Frankfurt am Main, weitergegeben. Dort war zum 88. Geburtstag der Autorin eine Auswahl ihrer Gedichte, *Achtundachtzig*, herausgegeben von Anya Schutzbach und Rainer Weiss, erschienen.

Einige Vorgänge, vielleicht sollte man sogar sagen: Vorfälle im (damals noch) Frankfurter Suhrkamp Verlag dürften ein treibendes Motiv gewesen sein, diese Erinnerungen aufzuschreiben.

Im Vorfeld dieser Veröffentlichung sind einige Gerüchte in Umlauf gekommen. Vielleicht verständlich, denn nicht jeder, der auf diesen Seiten benannt wird, wird seinen Namen gerne lesen. Zum Beispiel wurde behauptet, die Autorin habe gleich auf der ersten Seite ihres Manuskripts geschrieben: »Nicht zur Veröffentlichung bestimmt.« Das ist richtig, nur fehlt der Vor-Satz:

Der »Titel« müsse »lauten«: »Nicht zur Veröffentlichung bestimmt.« Die vermeintliche Handlungsanweisung erweist sich damit als ihr Gegenteil. Weiter sprachen ehrenwerte Kollegen davon, dass Mut zu dieser Veröffentlichung gehöre. Auch hier ist das Gegenteil richtig. Es gehört nur Interesse dazu, an einem Stück unserer Literaturgeschichte und an einer Figur, die dabei eine erhebliche Rolle gespielt hat. Einige der Äußerungen, die namentlich genannten Personen in den Mund gelegt werden, sind nicht in jedem Fall wörtlich zu verstehen.

Natürlich kommen in diesen Erinnerungen nicht alle erwähnten Personen ›gut weg‹, vor allem Frauen werden häufig in ein grelles Licht gerückt. Das ist so bei persönlichen Erinnerungen, die gelegentlich auch einer Deutung bedürfen. Zudem sollte man berücksichtigen, dass es längere Pausen zwischen den Aufzeichnungen gab, und es dabei auch zu anfangs fast unmerklichen thematischen Verschiebungen kam, von den Interna aus dem Literaturbetrieb zu persönlichen Erinnerungen und auch aus ihrer, mit zunehmender Vereinsamung, verstärkten Sehnsucht nach Liebe und Nähe.

Im Nachwort wird versucht, einiges ins richtige Licht zu rücken.

Frankfurt am Main, im November 2017
Ralf Borchers
Martin Lüdke

Wenn das gelingt, was mir Arnold[1] empfohlen hat, müßte der Titel lauten: Nicht zur Veröffentlichung bestimmt. Nach nahezu 40 Jahren ein rücksichtsloser Blick auf Verlag, Autoren, Bücher, Manuskripte. Kein Pardon soll gegeben werden. Heute ist Himmelfahrtstag, 3. **Juni 1999**: Arnold ist unterwegs nach Rast, eine Auschwitzzahl. Um wie vieles lieber wäre mir zu sagen, daß mir das Herz aus Blei ist.

Unterbrechung: Anruf bei RR[2], um für den gestrigen Abend noch einmal zu danken, im Sonnenhof[3], mit zwanzig anderen, mit zermürbender Hinfahrt und einer Rückfahrt im Erschöpfungszustand. Marcel und Tosia[4] seien sehr froh gewesen über unser Dabeisein. Das Übliche also, hundertfach erprobt diese Floskeln des Dankes und die Frage, wie immer, nach dem Verlag. Ich hätte ihm erzählen können, Unseld habe Wasser in der Lunge, das wäre ihm eine Freude gewesen, er hätte etwas gewußt, was andere noch nicht wissen, außerdem gehört diese Nachricht ins Katastrophenfach, nichts lieber als das, von jeher.

Arnold hinterließ mir das Manuskript des Nachworts für die Kaschnitz-Tagebücher, 17 Seiten, unter dem Hinweis, nicht zufrieden zu sein. Ich aber bin es, sehr. Seine Art zu schreiben ist eine Beglaubigung und für alle anderen ein

---

1 Arnold Stadler, im weiteren Text auch A. ST., A. und D.
2 Marcel Reich-Ranicki, im weiteren Text auch MRR und Marcel.
3 Hotel in Königstein.
4 Tosia Reich-Ranicki, Ehefrau von Marcel Reich-Ranicki.

Akt der Beschämung. Souverän, empfindsam, klug. Immer wieder lese ich ihn, als hätte ich endlich eine Wohltat verdient, nach so vielen Jahren literarischer Nichtsnutzigkeiten. Selbst dort, wo auch ich es mir nicht hätte träumen lassen. Wohin man schaut und liest: Hochstapelei. Selbst in den oberen Rängen, selbst in den Logen. Man kommt nicht umhin, vor sich selbst zu erschrecken, wie dreist man (ich meine mich) zugestimmt hat, wohlwissend, daß es sich um Machwerke handelte. Wer bliebe verschont? Nicht einmal W[1]. Ich bin mir sicher: »Meßmers Gedanken« ist sein Hauptwerk, dazu die »Liebeserklärungen«, so vieles verzichtbar. Ganz zu schweigen von Frisch, von Johnson, den der Verleger posthum brachialgewaltig zum Helden stilisiert hat, doch wohl, um sich selbst zu bestätigen. Welch ein Pfusch, wohin man sieht und hört.

Es ist wohl sinnvoll, diese Blätter zu beginnen. Vielleicht führen sie ins Leere, dann werden sie vernichtet, von wem auch immer. Der Himmel hat sich mit Streifenwolken überzogen, das Fenster mußte ich schließen, so laut sang unsere Amsel, obwohl sie uns doch von solcher Bedeutung ist. Die zwei Stunden sind vorbei, ich kann Arnold anrufen, Gottbefohlen, in dieser rauhen Zeit.

4. Juni: Stichwort Kaschnitz. Zwei Wörter im Nachwort verhelfen mir zu früheren Zeiten: ihre Wohnung und

---

1 Martin Walser, im weiteren Text auch MW.

das Buch »Orte«. Sie hatte Iris[1] bestellt, sie solle teilnehmen am Lektoratsgespräch in ihrer Wohnung. Ich dachte, sie sorgt für Schutz und Beistand. Das Gespräch bei der Durchsicht des Gedichtmanuskripts seinerzeit in meiner Wohnung war ihr vermutlich in ungemütlicher Erinnerung. Ich hatte auf Streichungen, Kürzungen bestanden. Nun, das mit meinen Überarbeitungen versehene »Orte«-Manuskript lag fotokopiert uns dreien vor. Sie stöhnte angesichts der Bleistiftfülle, sie begriff nichts, warum hier gekürzt, dort verändert werden sollte. Fragte Iris: verstehst du das? Ich erwartete, Iris auf seiten der Mutter zu hören. Doch siehe da, sie stimmte mir zu: die Kürzungen seien notwendig sowie auch die Änderungen. Und MLK[2]: nun, wenn du meinst. Unerwartet wurde das Manuskript derart streitlos durchgesprochen, und die fulminante Kritik von Horst Krüger in der »Zeit« bestätigte die Richtigkeit des Vorgehens, lupenrein, kein Wort zu viel, eine Altersprosa (ungefähr), wie sie nicht überzeugender sein könne. Ich hatte mir wirklich große Mühe gegeben und fühlte mich und meine Arbeit bestätigt. Kurz nach Erscheinen dieser »Zeit«-Kritik (noch nie zuvor war MLK derart gerühmt worden) hatte sie Geburtstag. Unseld kam und holte mich ab. Ich sei nicht eingeladen. Er duldete keinen Widerspruch, und ich erinnere mich meiner Enttäuschung und Verletztheit, zu dem kleinen Empfang, den sie gab, nicht geladen worden zu sein. An der Tür erklärte sie:

---

1 Iris Schnebel-Kaschnitz.
2 Marie Luise Kaschnitz.

Ich weiß doch, wieviel Arbeit Sie haben. Nachher saß ich mit Iris und ihrem Mann[1] in der Küche und fragte sie, wie eine solche Undankbarkeit zustande kommen könne. Sie beschwichtigte, doch nicht mit Erfolg. Nein, das kann die Form nicht sein, in der dergleichen Erfahrungen bagatellisiert werden. Es läuft doch eher darauf hinaus, die Unversöhnlichkeit zwischen Autor und Lektor zu zeigen. Der Autor beansprucht die Gültigkeit des letzten Wortes, hoch zu Roß verweigert er Einsicht in seine Fehlbarkeit. Ich erinnere mich an Jurek Beckers Eigensinn: Er bestand auf einem orthographischen Fehler, der Autor habe immer recht. Wie auch Jakov Lind, der darauf bestand, es heiße Sangvögel, nicht Singvögel. Gemessen an einer Seele aus Holz[2] eine Belanglosigkeit.

Noch einmal MLK. Ich erinnere mich der Unerfreulichkeit der Arbeit mit Frau von Gersdorff, die sich irrigerweise als MLK-Biographin verstand. Das eigentliche Anliegen aber war, mittels der kaisernahen Familie, sich in die Gesellschaft des Hochadels einzufädeln, so zu tun, als sei sie eine Vertraute von MLK gewesen. In der ersten Fassung war auf Seite 1 das Rühmenswerte der blauäugigen MLK zu lesen und ähnliche Trivialitäten. Nein. Ich habe das Manuskript an den Kollegen Simm weitergegeben, ein Arbeitstausch, doch ich habe vergessen, welche Arbeit ich von Simm übernommen habe.

---

[1] Dieter Schnebel.
[2] Titel eines Erzählungsbandes von Jakov Lind.

Ich komme vom Schweizer literarischen Quartett[1]: Zeindler, Ruoss, Hamm, Honigmann. Welch ein Gefälle. Welch eine Schlampe (DvG[2]).

Ich denke an meine (fast) erste Begegnung mit MLK, bei ihr Zuhause, in der historisch gewordenen Wohnung, die vom Mobiliar abgesehen eher bürgerlich als großbürgerlich zu nennen wäre. Und auch ein wenig schmuddelig. Sie schreibe an einer Erzählung (»Ferngespräche«), ob ich eine Seite lesen wolle, um ihr zu sagen, wie und was. Ich war gehorsam, las, war entsetzt angesichts so viel Gewöhnlichkeit. Bar jeder Verdichtung, jeder Besonderheit. Später, in der Lindenstraße[3], grauste mir damit zu tun zu haben. Wir waren wahrhaftig nicht gleich zu schalten. Und auch heute noch höre ich Bewundernswertes von den »Ferngesprächen«. Es gibt aber andere, sehr geheimnisvolle Erzählungen, die jeder Gewöhnlichkeit entkommen sind. Als Liebesgeschichten sind sie zusammengestellt.

Arnold schreibt über Bender. Ich solle in den Palmengarten gehen, Rosen zählen. Der Sonntag ist ohne Sonntäglichkeit. Trüb, kalt, verregnet. Ein solcher Tag war es, an dem wir in Mainz in ihrem Hotelzimmer saßen, ›um zu reden‹, wie man sagt. Wir haben geredet, auch aneinander vorbei geredet. Ich weiß nicht mehr, was ich fragte, doch ihre Antwort hatte nichts mit meiner Frage zu tun.

---

1 Gemeint ist der »Literaturclub« im Schweizer Fernsehen.
2 Dagmar von Gersdorff.
3 Das Suhrkamp-Haus stand in der Lindenstraße 29–35.

Für mich ganz unerwartet, sagte sie, ja, ich würde noch einmal heiraten, sie war Ende sechzig. Ich war erschrocken, betrachtete sie seitwärts, dachte, wie gesagt damals, an mich, ohne Ergebnis. Wenig später, Anfang der Siebziger, tauchte sie mit einem Begleiter im Verlag auf, den sie als ihren literarischen Betreuer vorstellte. Ich frage mich heute, warum ich ihn spontan ablehnte. Es erwies sich bald, daß seine Arbeit an der geplanten Gesamtausgabe – sie hatte ihn als Herausgeber benannt – inakzeptabel war (schlagen Sie doch, so schrieb er mir, im Duden nach, ob es Pogrom oder Progrom heißt). Die Ausgabe hatte keinerlei Priorität für ihn.

Zu viert fuhren wir zur Beerdigung: SU[1], Hilde Unseld, Krolow und ich. Es war einer der kältesten Tage meines Daseins, was weiß ich warum, ich fror entsetzlich. Auf der Heimfahrt im Auto mit überhöhter Geschwindigkeit sagte U., er müsse sich beeilen, um halb acht müsse er im Theater sein. Das ist der nächste Termin, der nicht gestrichen wird, wenn jemand gestorben ist. Elendiglich. Und während der Beerdigung auf dem Friedhof beobachtete ich Iris und ihren Mann: keine Geste des Haltens, der Sanftheit, stocksteif, als gehe ihn dies alles nichts an. In MLKs Zimmer hatten wir ein paar Bissen zu uns genommen und Schnaps geschluckt. Welch eine Zeremonie.

---

1 Siegfried Unseld.

Empfohlene Bücher: Honigmann »Mädchenmörder Brunke«[1]; Hamm »Fahrt im Einbaum«[2]. Jeder ist seines eigenen Helden Paladin. Vor zwei Wochen Abflug Neapel/Capri. Gestern ist ein 108jähriger gestorben. Er sah jünger aus als Hrabal. Ein wenig Sonne. Ich möchte belohnt werden heute abend, z. B. Hilton. Ich geh jetzt Rosen zählen.

68 auf dem Wasser des Teichs im Eingangsbereich. Alles andere unzählbar. Der Palmengarten steht unter Rosenschock. Dann und wann eine Duftwelle wie auf Capri, weißt du noch.

An einem Sonntag wie diesem (wie Sommers Ende) darfst du mich nicht mehr losschicken, eine Voraussetzung für Schwermut, Behindertenwege. Kleinst- und Kleinkinder auf sandleisen Spielplätzen. So nah war ich meinen Eltern lange nicht mehr, diese Sonntagnachmittage, die schon zur Messe getragene Melone, der Spazierstock mit der Elfenbeinkrücke und dem Löwenkopf, der bebänderte Florentinerhut meiner Mutter, die kleinen weißen Handschuhe an meinen Händen, dieses Nicht-schmutzig-werden, in Richtung Tante Maria und Onkel Hubert, an den Tennisplätzen vorbei. Ich hätte dir gern eine kleine Palme mitgebracht, zum Auf- und Großziehen, wenn es schon der Hund nicht sein soll. Kennst du das Lied: les enfants s'ennuient le dimanche, dans leur robe blanche, les enfants s'ennuient le

---

1 Buch von Thomas Brasch.
2 »Die Fahrt im Einbaum oder Das Stück zum Film vom Krieg« von Peter Handke.

dimanche. Da stirbt die Welt hin, ist rettungslos verloren. Im Gartenkiosk waren aber nur Kakteen zu sehn. Was aber gehen uns Kakteen an. Emil[1] hatte eine Hand für Kakteen, mehr Verbindung gibt es nicht.

Es war ein anderer Sonntag als dieser, heiß, sehr heiß, als Handke schellte, was sollten wir mit ihm machen. Erlaubst du, daß ich mit ihr schlafe, fragte er Claus[2]. Er solle mich fragen, er fragte mich. Ich war aber noch nie für dergleichen Gastfreundschaft zu haben. Dann doch lieber eine Tasse Tee. Claus hat seine Stimmung verstanden, wie ein menschenleerer Bahnhof. Ich habe einen Kaffee getrunken, dazu ein Stück frostigen Kuchen, den ich an ein Entenpaar verfüttert habe, Verwandte vom Thunersee. Ich hörte die Stimmen von Claus, Nora und David[3], als sie noch klein waren. Könnte es sein, daß unser kaum gewesenes Verhältnis gestört ist. Schön waren unsere kurzweiligen Gespräche, wenn ein Buch von ihm erschienen ist und ich reagierte, dann reagierte auch er.

7. Juni: Die Sonne ist gewaltig, herrscherlich. Größer als der auf die Erde zurasende Asteroid, 2027 wird er eintreffen, wenn er nicht abgelenkt wird, Anfang August. Ich habe gestern nacht noch einmal den »Liebhaber«[4] gesehen,

---

[1] Emil Beck, Onkel von Elisabeth Borchers.
[2] Claus Carlé, Lebensgefährte von Elisabeth Borchers. Beide heirateten kurz vor seinem Tod.
[3] Enkel von Elisabeth Borchers.
[4] Film nach dem Roman von Marguerite Duras.

der Film macht der Duras-Geschichte alle Ehre, alle Liebe, alles Herzzerreißen. Wann eigentlich ist sie gestorben, wer eigentlich war von uns bei der Beerdigung? Ich bin ihr nie begegnet. Telefoniert haben wir, korrespondiert, auch das. Das letzte Mal sah ich sie während eines Interviews mit einem viel zu jungen, unerfahrenen Mann in ihrem Zimmer, in einem Altersheim. Er fragte sie, was sie den Tag über mache, wenn sie nicht schreibe, ob sie auch ihr Bett mache. Duras empört: ein ungemachtes Bett schreit gen Himmel. Eine Formulierung, die sich bei mir immer wieder zur rechten Zeit meldet. Der »Liebhaber« hat eine Sinnlichkeit, wie ich sie von keinem Film bisher erfahren habe. Wie Mondlicht über allem. Keine Grenze wird überschritten, überliebt, der Raum aber wird ausgekostet, ausgeleuchtet, ach, diese Winkel und Winkelchen, bis hin zu den Füßen des Rikschafahrers, der über die nassen Straßen von Saigon läuft, obwohl doch niemand mehr da ist. Dieses Ende ist der Anfang der Traurigkeit der Welt, und schließlich nur noch der Rücken der alten Frau, die telefoniert. Liebe M. D.[1], eine wunderbare Liebe, eine lehrreiche. SU wollte einen Mitarbeiter zu ihr schicken, weil ihm das Französisch nicht parat war. Er hat sich und mir nie verziehen, daß ihm dieses Defizit Grenzen diktierte. Daß der Bestseller-Liebhaber unser Buch geworden ist, hat der Verleger (mit Verlaub) mir zu verdanken. Das Buch zuvor

---

[1] Marguerite Duras.

»La Maladie de la mort«[1] erschien, übersetzt von Handke, bei Fischer. Was wäre gewesen, wenn.

Ein Dreiviertel-Stunden-Gespräch mit Hans Mayer. Und jedes noch so lange Gespräch endet mit der Aufforderung: Ruf doch mal wieder an, als sei ich längst an der Reihe. Er ruft nicht an, versteht sich, das kostet Geld. Und ich hätte ihn auch nicht angerufen, wenn ich nicht von ihm erwartete, mich endlich als Juror einzusetzen. Groenewold werde bald kommen, er werde ihm sagen, daß ich nun an der Reihe sei. – Eben auch Hinderer in Princeton versucht zu erreichen. Und wieder und wieder war Becker nicht da. Arnold aber hat keine Zeit, drei Seiten zusätzlich zu lesen. Wer zerschlägt mir diesen Knoten? Hans Mayer: Er hat eine Rede auf der Wartburg gehalten mit großen Sprüngen: Walther von der Vogelweide (schöner Tippfehler), sängerstreitfest, was dann? Jedenfalls war weder von der heiligen Elisabeth die Rede noch von Luther. Diese Art von Aufklärung liegt ihm weniger im Sinn. Gestern abend habe Sat 3 das Spektakel übertragen, man habe ihn sitzen sehen können, und auch den Blick über das Thüringer Land und die standing ovations – diese Ehrung habe er immer schon erhalten und genossen. Ich erinnere ihn an das erste Mal in Wien, als die Kammerspiele[2] zu seinem 85. Geburtstag wie ein Mann sich erhoben. Nicht nur zum Schluß, nein, als er hereinkam, sozusagen als letz-

---

[1] Dt. Titel: »Die Krankheit Tod«.
[2] Matinee am Wiener Akademietheater.

ter Platz nahm. Das war nicht nur für ihn bewegend. Ich denke, er hat sich eine Träne aus dem Auge gewischt, jetzt, als ich ihn erinnerte. Das Größte seines Lebens! Die Tatsache, daß er nicht immer so war, hat ihn dann keineswegs beschämt. Es werde eine HM-Stiftung geben. Monomanie. Sui generis. Mit keinem Wort hat er unseren Besuch in Tübingen erwähnt. Er wird ihn nicht als Festtag in Erinnerung behalten haben. Arnold wird die Enttäuschung inzwischen verwunden haben. Ich erzählte HM vom gestrigen Abend, Hölderlin-Preis an Reiner Kunze. Die Unterscheidung von rechts und links lasse er nur im Straßenverkehr gelten und eine Publikumsmasse hat geklatscht. Mayer rühmte sich, sein Lehrer gewesen zu sein. Er lenkte ab auf den großen Polen[1]. Wie der Abstieg aus der Macht vor sich geht, war auch gestern zu sehen: die Platzordnung verdrängte ihn aus dem Tischmittelpunkt, ein herber Verlust.

Es ist Dienstag, **8. Juni**: Ich habe die Heizung aufgedreht.

9. Juni, Donnerstag: Die beiden Tage sind vorbei: Hölderlin und Mannheim, gestern. Und was nun? Als habe die Zeit keinen Halt mehr ohne die Planung einer Gemeinsamkeit. Ich sitze an der Maschine und hoffe, meine Finger warm zu tippen. Ich gebe die Tage aus der Hand, als hätte ich genug davon. Das große Thema gestern abend in Mannheim: Vergänglichkeit. Eine interne Verabschie-

---

1 So nannte Hans Mayer seinen »Rivalen« Marcel Reich-Ranicki.

dung von Joachim W. Storck. Ein kleiner Hörsaal, nicht einmal Staub gewischt auf dem schwarzen Tisch. Und da standen sie nun, der Reihe nach. Der Dekan sprach den Fakultätsdank aus, der mit Hörisch verfeindete Professor war dem Schlaganfall nahe, sein rotes Gesicht einer Explosion. Die Herren Kollegen, dem Gehtnichtmehr nahe, dümpelten vor sich hin, mit offenen und geschlossenen Augen und Mündern. Die Ehefrauen geziert mit dem silbergefaßten Bernsteinring, das Haar ungewaschen, strähnig. Ich dachte wieder einmal an MLK, auch ihre Kleidung blieb ungebürstet. Der Herr mit dem Schlaganfall im Gesicht las eine Geschichte von Evelyn[1] … Er vermerkte, daß Storck ein Pechvogel gewesen sei, als er die erste Frau an Krebs verlor und dann zum Glückspilz wurde, als er Evelyn fand. So bewältigt man Lebensvergangenheit. Und ich dachte, wie gut, daß Arnold kein Professor ist, dafür das, was er ist. Und ich dachte an Unseld, dessen Traum es war, bis er sich erfüllte, den Professorentitel tragen zu dürfen. Die Traumerfüllung verblaßte. Ich erinnere mich: Er saß neben mir am kleinen Tisch im Verlagszimmer und versuchte mir die Notwendigkeit der Publikation seiner »Mainzer Vorlesungen« glaubhaft zu machen. Ich riet dringend ab, unbedeutend, fast blamabel durchschaubar. Aber das Buch erschien.[2] Bis wir dann alle nach Heidelberg fahren durften, um die historische Stunde seiner Er-

---

[1] Evelyn Grill.
[2] Siegfried Unseld fasste seine Vorlesungen in Mainz und Austin, Texas unter dem Titel »Der Autor und sein Verleger« zusammen. Das Buch erschien 1985.

nennung zum Honorarprofessor[1] zu erleben. Und Storck verging sich in seiner Dankesrede an Hebels Vergänglichkeit. Nicht eine einzige Erwähnung des Buches von Arnold[2]. Versteht sich, er hätte in Gedanken an *diesen* Hebel schamvoll den kleinen Hörsaal verlassen müssen. Auf die Rückseite eines Blattes des Wiener Programms notierte ich mit Bleistift: Anmaßung. Arnold schob diese Ungezogenheit kraftvoll in den Rachen meiner Tasche zurück. Er sei sicher, daß der hinter mir Sitzende, den er aus Freiburg kenne, es gelesen habe und das Wort an Storck weiter plaudere. Ach. Hebel im Original. So stolz, als habe er einen Stier erledigt, so unverständlich für Nicht-Hotzenwäldler. Überreichung der Festschrift, man lese Arnolds Kindheitserinnerungen. Storck, das Karamell-Bonbon. In solchen Augenblicken wird man seelengläubig, die Seele als etwas Anfaßbares, daneben dann Sätze wie: ohne eine Spur von Schwanz von Eva B. oder die Verballhornung von Vergängliches in Wolfgängliches, als Hinweis auf den mit W. abgekürzten Vornamen Wolfgang. Als Teil eines modernen Professorengedichts. Ein Schritt nur, und ich bin bei den Gedichten von Michael Landmann in Berlin, Dickard- und Damaschkestraße. Heiraten wollte er und dann in seinem Haus zusammensitzen mit den Studenten. Täglich, fast stündlich trafen Blumen ein (Burgel[3] ist meine Zeugin), und wenn ich abends heimkam, lagen die Sträuße ge-

---

[1] Siegfried Unseld wurde am 16.6.1993 in Heidelberg eine Honorarprofessur für literarisches Leben verliehen.
[2] »Johann Peter Hebels Unvergänglichkeit« (1997).
[3] Burgel Zeeh.

schichtet vor der Wohnungstür. Er bat darum, zum Essen eingeladen zu werden, ich bat darum ohne Blumen. Dafür brachte er zwei Konservendosen Königsberger Klopse mit. Wenn ich etwas aus dem Weg gehe, von jeher, dann sind es Königsberger Klopse. Ich zeigte ihm die Wohnung, im Schlafzimmer, wo die große breite Liege stand, drückte er mit der Faust auf die Matratze, so unverschwiegen, daß ich es bemerken mußte, um zu prüfen, ob sie weich oder hart genug sei. Und zum Dessert überreichte er mir eine Handvoll selbst verfaßter Gedichte im klassischen Jargon. Nach dem Umtrunk nach der ›Vergänglichkeit‹ zu einem Italiener, den wir dann selbst bezahlen mußten. Nein, keine guten Sitten. Man sollte ihm zwecks Erstattung die Fahrkarten schicken. Arnold liebt Mannheim, seine Großtante Oberin in einem katholischen Krankenhaus, die er mit 16 Jahren zu einer ersten Reise besuchte. Ich liebe diese Erinnerungsbilder aus einer überbordenden Lebenskammer und verfalle Hals über Kopf dem Altersdrama. Wie er das Schloß des Kurfürsten Carl Philipp liebt und bewundert, Sandsteinromantik (siehst du das?), und wir saßen auf einer dieser Bänke vor den roten Rosen, es seien doch seine Lieblingsblumen, die gelben und die roten Rosen. In die Schloßkirche, deren Tür sich öffnen ließ, was nur selten vorkommt, war ich allein, Arnold wollte das Zigarillo zu Ende rauchen. Ein eigenartiges Gefühl, ganz allein in einem so um sich greifenden Raum zu sein, über mir das gewaltige Deckengemälde, vor mir das Hochaltargemälde, ich mußte ganz nach vorn, um die Figuren zu erkennen. Ich habe in diesen Raum hinein geredet: da bin ich, ganz allein, bitte. Vielleicht war der Stein durchlässig und meine Bitten wurden mit Flügeln versehen, ein Wölkchen wie jenes im Januar am südfranzösischen blauen Himmel, das eine Pforte suchte und um Eingang bat. So stellte ich mir Buschs in Blau umher irrende Seele vor, denn sie war eben gestorben. Ich bin gern mit Arnold in Kirchen, ob in Straßburg, auf Capri oder in Gebweiler, ich lerne wieder das Kreuzzeichen zu schlagen und das Weihwasserbecken zu erkennen. Aber bitteschön, was machen wir mit dem Hund!! Ich versuchte dich anzurufen. Keine Antwort und das Handy mit der stereotypen Aufforderung: versuchen Sie's später noch einmal.

Es ist schön, mit Arnold durch die Dunkelheit zu fahren, nicht schön ist der zu Ende gehende Tag. Eine Festschrift vor Augen und Grappa im Mund. Heute ist Mittwoch, nicht Donnerstag, als käme es darauf an, ja, darauf kommt es an, wenn man einen Arzttermin (den Augendoktor) verpaßt. Also Anruf, auf morgen verschoben. Und schön war es, daß der Zug uns eine halbe Stunde länger durch die Dunkelheit fuhr. Ach ist ein Synonym für Nichtausgesprochenes. Ach. Nichtauszusprechendes.

Inzwischen Telefongespräche. Auch mit Frau Notdurft[1] – in zwei bis drei Wochen sei es ihr sehr recht. Sie schickt noch einen Lageplan für die Reise zu ihr. Desio, Djuke, Dustin. Bis morgen, wenn erforderlich, ein anderer Name.

---

1 Freundin

Noch einmal zu Hölderlin. Jährlich das Schönste: Allerschönste das blasse Bildnis Hölderlins, an die weiße Leinwand geworfen, mit dem Blick über alle und alles hinweg. Stirn, Augenbrauen, Augen, die Nase, der Mund, und um das Gesicht herum grauschwarze Flecken oder besser Farbtupfer, vielleicht liegt es an meinen Augen, doch jährlich erscheint es mir durchsichtiger, entfernter, als zöge es sich, müde geworden von dem Spektakel, langsam bis eines Tages zur Unkenntlichkeit zurück. Vor allem wird es erschrecken angesichts der in seinem Namen geredeten Gedichte. Diese hemmungslose Blässe. Wer möchte nicht warten auf die Rückkehr der Gedichte, auf die Heilung, »grob gesagt: durch Liebe« (M. Walser). Wie fein gesagt. Auch Hyperion müßte ich noch einmal lesen, um nicht unbeweint zu bleiben, um die sanfte und zornige Sehnsucht aufzugeben.

Der Psychater K. Conrad zitiert von einem Schizophrenen folgenden Satz: »Ich glaubte, ich strebte zum Licht, aber es war immer nur die Angst vor dem Dunkel.«

Stillstand. Verletzbar. Feindselig. Verbotssüchtig. Nervös. Arbeitsam. Unentschlossen. Was heißt ›Eigentum‹. Lieber ein Mißverständnis als richtiges Verstehen, ein Verstehen, das den Anderen einbezieht. Wie kann das sein? Überlasse es der Hölderlin-Ikone zu antworten, sie aber schweigt. Wenn die Siestazeit vorüber ist, rufe ich bei Frau von Schlieffen an. Ich stelle unter Beweis.

Arnold hat die ersten sechs Seiten gelesen, er hält die Methode für brauchbar. Nicht einverstanden ist er mit der Verzichtbarkeit der Romane von MW. Den »Springenden Brunnen« hält er für wesentlich. Der Einwand sei gestattet, überzeugt aber nicht in diesem Fall.

Wir werden uns heute und morgen nicht sehen. Es ist viertel vor drei. Ich habe auch eine Reise nach Mannheim gemacht auf der Suche nach dem Grab meines Vaters. Drei handbreit Erde, ein Holzkreuz mit Namen und Daten, dazu drei halb verdorrte Astern, macht DM 48 monatlich, zu einer Zeit, die zu den magersten Jahren gehörte. Lieber Vater, wie mich dein Anblick schmerzte, du mitten unter den Fremden, das war im November, ein paar Minuten, dann fuhr ich weiter und zurück.

21 Uhr. Ein Gang ums Karree, wie so oft, so oft abends mit Claus. Und die Linden blühen und duften, überall, wo wir waren und darüber hinaus.

Donnerstag, 10. Juni: Dr. Lyson verschreibt eine Lesebrille, um mich von der Leselupe zu befreien. Sonst ist alles in Ordnung. Beim Friseur der neue »Stern«! Elie Wiesel und Handke. Wie hieß denn noch sein erstes Buch, das zu einer – wenn auch kurzen Korrespondenz – Anlaß gab. Die Rechte aber waren schon verkauft. Ich sehe sein Gesicht gern an. Das Buch gab ich an Uwe[1] weiter, ins Internat, in

---

1 Uwe Borchers, Sohn von Elisabeth Borchers.

seiner unglücklichen Zeit. Handke wieder in Serbien. War das nun Heimatbeweis? – Ich glaube, es war der »kurze Brief zum langen Abschied«, in dem die Duschszene vorkam. Wir saßen in der Klettenbergstraße[1] im Wohnraum. Unseld nahm Handke mit sich ans Fenster, von mir abgewandt, er redete heftig auf ihn ein, gestikulierte, selbst mit dem Rücken, Handke schien unbeeindruckt. Dann kamen sie zu mir zurück, Unseld erklärte, worum es ging: der junge Mann unter der Dusche, auch eine Onanie-Szene. Unseld hielt dies für unzumutbar, in Gedanken an seine alten Buchhändler, das Buch solle schließlich verkauft werden. Nun war meine Meinung gefragt. Die älteren und alten Buchhändler, so meine Ansicht, werden nicht schockiert sein, sie werden die Szene als das begreifen, was sie ist, ein Ausdruck von Einsamkeit, und sie werden sich an ihre Einsamkeitserlebnisse erinnern und zustimmen, statt entrüstet zu sein. Es war der offiziell erste Kontakt mit Handke seit meinem Einzug in den Verlag und der war nun geglückt.

11. Juni: In der FAZ lese ich den Artikel über Czesław Miłosz und seine erste Lesung in Deutschland, in Köln, obwohl er doch Nobelpreisträger ist. (Ich erinnere mich an den Augenblick, als die Nachricht am Buchmesse-Stand eintraf. Große Verwirrung. Das bei uns erschienene Buch »Verführtes Denken« war nicht vorhanden. Niemand konnte

---

1 In der Klettenbergstraße stand das Wohnhaus von Siegfried Unseld, in dem viele wichtige Besprechungen und Zusammenkünfte mit Autoren stattfanden.

darüber Auskunft geben, Günther Busch, der es[1]-Lektor, war nicht da, der Verleger zog sich in Unkenntnis zurück. Ich hatte Miłosz nie gelesen. So trollte sich die Presse, enttäuscht, versteht sich. Später dann habe ich eine Zeile von Miłosz eingebunden.) Habe ich ihn mir so vorgestellt, wie er jetzt in der Zeitung abgebildet ist? Nein, ich habe mir überhaupt kein Bild von ihm gemacht. Er sieht Borges ähnlich, mit hartem Blick, dem trotzigen Gesicht, als bestehe er darauf, recht zu haben. Wichtig aber sind mir vor allem folgende Zeilen: Czesław Miłosz ist seinem Flecken Heimat (Litauen) mit dem Herzen verbunden. Kein guter Satz, Gefühlssalat. Dann: »In meiner Heimat, in die ich nicht wiederkehre, gibt es im Wald einen riesigen See ... etc. Wichtig ist mir lediglich die Erwähnung Heimat. In Gedanken an Wien.« Den Nagel könnte ich in die Wand schlagen und Restliches daran aufhängen. Mal sehen.

Außerdem erhalten Bausch und Kiefer den Nobelpreis für Künste.[2] Wie hat sich Rudolf Rach abgemüht, dem Namen Bausch zur Sympathie zu verhelfen, der Verleger aber fand keinen Gefallen daran.

Gestern konnte ich nicht mehr schreiben, du weißt warum. Ich überlegte mir, wohin ich führe, wenn du fährst: Paris oder Dresden, Hamburg oder Homberg. Warum nicht Hiddensee, diese Reise bin ich Claus schuldig. Fürs

---

1 edition suhrkamp.
2 Pina Bausch und Anselm Kiefer erhielten 1999 den japanischen »Praemium Imperale«, eine der weltweit höchstdotierten Auszeichnungen.

erste hab ich mich nicht entschieden, ging vor das Bild, sein Heimatbegriff. Und wieder ein Morgen, wie gestern, in dem sich Morgenkühle und Morgenwärme aufs Wunderbare mischen. Auf dem Bild ist es Abend, und plötzlich denke ich: Ich bin nicht allein, jemand ist ganz in der Nähe. Das ist die Idealisierung von Abwesenheit.

Prediger 12, 1-8: Denk an deinen Schöpfer in deiner Jugend, ehe die bösen Tage kommen und die Jahre sich nahen, da du wirst sagen: »Sie gefallen mir nicht«, ehe die Sonne und das Licht, Mond und Sterne finster werden und Wolken wiederkommen nach dem Regen, – zur Zeit, wenn die Hüter des Hauses zittern und die Starken sich krümmen und müßig stehen die Müllerinnen, weil es so wenig geworden sind, und wenn finster werden, die durch die Fenster sehen, und wenn die Türen an der Gasse sich schließen, daß die Stimme der Mühle leiser wird, und wenn sie sich hebt, wie wenn ein Vogel singt, und alle Töchter des Gesanges sich neigen; wenn man vor Höhen sich fürchtet und sich ängstigt auf dem Wege, wenn der Mandelbaum blüht und die Heuschrecke sich belädt und die Kaper aufbricht; denn der Mensch fährt dahin, wo er ewig bleibt, und die Klageleute gehen umher auf der Gasse: – ehe der silberne Strick zerreißt und die goldene Schale zerbricht und der Eimer zerschellt an der Quelle und das Rad zerbrochen in den Brunnen fällt. Denn der Staub muß wieder zur Erde kommen, wie er gewesen ist, und der Geist wieder zu Gott, der ihn gegeben hat. Es ist alles ganz eitel, spricht der Prediger, ganz eitel.

Ich flüchte in solche begreifbaren Weissagungen. Warum nur diese Unruhe. Sind es die Enttäuschungen der eitlen Jahre, ist es der Beginn der bösen Tage? Was tun? – Ich habe den Prediger-Text eben Arnold vorgelesen, er fährt auf Freiburg zu, dann nach Rast (am Montag kommt er wieder). Er hat die beiden großen Momente des Textes sofort angenommen: Sie gefallen mir nicht – und die Wiederholung: ganz eitel. Es ist schon merkwürdig, man, nein, ich lese und bin auf solche Offenbarungen aus und empfinde es als Geschenk, wenn ich mit ›jemandem‹ spreche, der nicht auf Erläuterungen besteht oder sie nötig hat. Arnold behauptet, Thomas Bernhard sei homosexuell gewesen. Ich habe widersprochen und jetzt den Band geholt »In hora mortis«. Wie sehr habe ich ihn gedrängt, seine Gedichte freizugeben und auch eine Auswahl der Gedichte von Christine Lavant.

Ich habe wieder gelesen »In hora mortis« (in der Stunde des Todes – da muß wohl ein lateinischer Fehler sein), ein Verzweiflungsakt, ein Exerzitium der Verzweiflung. Das war nicht Homosexualität, das war Zerstörung, Verlust, das war's: Ich bin tot und wie der Apfel roll ich in das Tal und muß ersticken unterm Holz des Winters. So vieles wäre zu zitieren, was mich ergriffen hat, als ich's zum ersten Male las. Das erste Buch bei der Insel war erschienen, ich hatte es nicht gelesen. Als wir uns in Regensburg trafen, auserwählt von Rudolf de la Roi und Hans Bender für den Kulturpreis der deutschen Industrie. Und der Industriebeauftragte verteilte die Preise im Regensburger Kaisersaal für Musik, Malerei, Bildende Kunst, Architektur etc. und ganz zum Schluß für Literatur: Frau Bernhard und Herr Borchers. Dieses atemberaubende Ereignis hat uns begründet. Wir haben zwei Tage extremer Fröhlichkeit erlebt, das ist zu wenig, es genügte, einander anzusehen, und schon überschütteten wir einander mit Lachen, ein Einverständnis in allen Dingen und Erscheinungen. Ich übertreibe nicht, wenn ich behaupte, die Leute sahen uns, hörten uns und flüchteten.

Und ich fragte mich, wie in aller Welt werden wir uns voneinander verabschieden. Ich kam am letzten Morgen in den Frühstücksraum, immer noch zweifelnd und sah durch die Fensterwand zum Bahnhof hin. Dort ging er, er hatte das Abschiedsproblem gelöst, verschwiegen, nicht zu stören. Gar nicht lang, da traf sein erster Brief ein, ein schöner Brief, ein bestätigender. Und Jahr um Jahr (drei, vier Jahre lang) sahen wir uns wieder, wo auch immer, auch in Wien, zur gleichen Zeit und ungeplant, wir haben uns gefreut, wir haben uns abgesetzt von den anderen, durchs nächtliche Wien zum Beispiel, auch in die besagte Kneipe[1], wo es um Mitternacht Buchteln gibt. Und wieder ein ander Mal sahen wir uns im Verlag. Sein Lebensmensch war gestorben und meine Mutter, wir sprachen über das Ausmaß des Verlustes, über Folgen und über die Schönheit, die bleibt und die nicht tröstet.

---

1 Café Hawelka.

Klagte ich nicht über Unruhe? Unruhe ist in den Gräsern / die Hütten sind von der Unruhe erfaßt / mich schlägt die Glocke Herr / mein Gott / wild sind die Tauben / unruhig ist auch der Mond / und seine Sichel die ins Fleisch mir stößt / Herr auch im Stall ist Unruh und am Rand der Bäche / die den Schnee nicht fliehn / mein Gott auch Baum und Fisch / sind von der Unruhe erfaßt.[1]

Klagelaute. Klagelaute. Strickgeräusche, längst verklungen, doch hörbar noch für den, der hört. Die Müllerinnen sind längst ins Haus und halten Andacht. Salomo kommt immer zur rechten Zeit.

Tobey: Ein wunderbares großes Blatt, das mir Arnold mitgebracht hat. Jedesmal, wenn ich ins hintere Zimmer gehe, stelle ich überrascht die Schönheit und Kraft dieser Zeichnung eines Achtzigjährigen fest. Ein Zuwachs von Leben. Ja, ich empfinde die Farben, die Bewegungen, die unkonventionellen Kombinationen wie eine Ermutigung. Wofür? Wohin? Ach. Es ist gleich 16 Uhr.

Gestern: Ausstellungseröffnung im Museum für Moderne Kunst, mit Ammann Gang über den Römerberg, Döbritz[2], Linda Reisch, Italiener. Der Sand zerrinnt. Dann noch, telefonisch, Abstimmung von Terminen.

---

1 »Unruhe«, Text von Thomas Bernhard, vertont von Lukas Haselböck.
2 Kunst- und Auktionshaus in Frankfurt am Main.

17.30 Uhr: Klaus Reichert hat zurückgerufen, wir treffen uns um 7 bei unserem Italiener.

Die Farben Tobeys: auf mediterranem Blau: olivgrün, schwarz, weiß und rot.

Der Italiener heißt »Da Renzo«[1], wir saßen draußen bis halb 11. Beide kamen aus dem Garten und brachten mir einen Sommerstrauß mit: Rosen und Röschen, Glockenblumen und Rittersporn, Gelbes und Weißes, der Sommer strotzt vor Kraft. Der Strauß hat die Nacht in der Kühle auf dem Balkon verbracht, jetzt steht er vor mir, mit der Andeutung von Vergänglichkeit. Auch darüber haben wir gesprochen gestern abend. Und natürlich über das Büchnergefecht[2], das uns bevorsteht.

Indiskutabel sind geworden: Jürgen Becker (seit seiner Lesung in Erfurt[3]). Er fragte mich anschließend, was denn seine Lektorin meine, ich stimmte zu und fragte mich, ob ich ihm von diesem mißratenen Buch rechtzeitig abgeraten hätte. Ich war froh, in diesem Erfurter Moment nicht Rede und Antwort stehen zu müssen. Der Lektor ist ein abgerichtetes Wesen. Er hat den Verlag und den Autor zu bedienen. Ein unaufhörlicher Akt der Unterordnung und Selbstverleugnung muß es sein, er muß sich Lügen strafen. Ich war froh, nicht verantwortlich sein zu müssen. Es wäre mir ergangen wie einstmals bei Jurek[4] und sei-

---
1 Ital. Restaurant im Frankfurter Westend.
2 Tagung der Büchner-Preis-Jury.
3 Frühjahrstagung 1999 der Deutschen Akademie für Sprache und Dichtung.
4 Jurek Becker.

nem »Boxer«, den ich – das war in seinem Arbeitszimmer in Mahldorf – für untauglich erklärte mit der Aufforderung, das Ganze noch einmal zu schreiben. Ebenso Volker Braun, der Versuch, die »Unvollendete Geschichte« den Nach-der-Wende-Werken entgegen zu halten, ist töricht. Ich weiß doch, daß diese Geschichte exzellent ist, samt der späteren ›Vollendung‹. Volker war mir in Erfurt so entgegenkommend wie noch nie in all unseren Jahren gemeinsamer Arbeit. Das war gewiß der Gedanke an Büchner, ebenso die Freundlichkeit des Herrn Sebald, der mir nun wirklich contre-cœur schreibt. Alles weiß er besser und genauer als der Leser, dem er, kaum hat er zu lesen begonnen, das Maul verbietet. Peter[1] ist sein vehementer Verteidiger. Bitte nicht, ich kriege das Husten. Reiseprospektverfasser. Auch Bichsel will ich keine Chance geben. Und das hat nichts mit der Frage nach Sympathie zu tun. Ich gab aber auch zu bedenken, daß sich Muschg mannhaft für ihn einsetzen wird, als der Schweizer Patriarch. Klaus[2] ist der Ansicht, daß sich zwei um dieses die Geschicke lenkende Amt streiten, der Kampf sei noch nicht entschieden: Muschg und Bichsel. Ich staune und zweifle. Weiter: Miller wird sich für Jirgl stark machen, er hat ihn ins Gespräch und in die Essayistik gebracht. Jirgl ist mir eine Zumutung. Da kommt jemand aus dem DDR-Dickicht, entdeckt die Moderne und will sie uns schmackhaft machen, glaubt er. Niet. Wir wollen weiterhin auf Friederike[3] beste-

---

1 Peter Hamm.
2 Klaus Reichert, im weiteren Text auch K. und K. R.
3 Friederike Mayröcker.

hen. Wir prophezeien uns die Schwierigkeiten: ein drittes Mal Österreich, ein zweites Mal eine Frau. Und ich fragte Klaus, wen er an die zweite mögliche Stelle setze. Er verwies darauf, daß ich noch einen Kandidaten ins Spiel gebracht hätte: Arnold Stadler. Ich: Ich sehe niemanden, der ihm diesen Platz streitig machen könne. K. überlegt ein wenig und stimmte mir zu. Ich nehme an, das Zögern galt nicht dem Romancier, eher dem Übersetzer aus dem Hebräischen, was ich allerdings nicht aussprach. Lediglich einen Einwand habe er: A. ST. sei noch so jung, daß ihm alle Zeit bleibe. Die Blockierung der Produktion durch Preise. Wie bei Friederike Roth. Ich bin nicht der Ansicht. F. R. hatte andere Hemmnisse zu überwinden bzw. ist an ihnen gescheitert.

Ich habe die Geburtstagsrede auf Frankfurt herausgeholt, um sie noch einmal zu lesen, nachdem K. R. gestern abend in hohen Tönen von ihr sprach. Er habe sie nicht gehört, doch von ihr gehört. Selbst in Budapest[1] habe man sich diskutierenderweise gefragt, wie eine offizielle Rede zu handhaben sei und diese, meine, wurde als beispielhaft genannt. Unseld monierte den Zitatenreichtum, MRR war auch gekränkt. Wie kommt ein Festkommitee dazu, mich auszuerwählen, wenn es Leute wie SU und MRR gibt. Das kann man doch nicht auf sich sitzen lassen. Ich habe das späte Lob wie Honigseim genossen, ich gestehe. Zurück zu Büchner: Es sind zu viele Spielzeuge im Sandkasten und

---

1 Frühjahrstagung 1998 der Deutschen Akademie für Sprache und Dichtung.

jeder müht sich um die Demonstration seiner Durchsetzungskraft.

Eine seltsame Amsel auf der Balkonbrüstung: grau-bräunlich, struppig um sich schauend. Ich denke, eine ganz junge. Durchs geschlossene Fenster habe ich mit ihr gesprochen, als ich das Fenster öffnete, flog sie auf und davon. Die Hummel aber ist tot. Ich hatte ihr vorgestern den Einflug verwehrt, sie muß also sehr erschöpft gewesen sein. Hummelchen.

Das Zisterzienser-Wort an diesem frühen Sonntagmorgen: *Die Tür steht weit offen, das Herz weit mehr.* Jurek Beckers literarischer Untergang, sehr verspätet, ist »Jakob der Lügner«, dieses Wunderbuch, von dem ich befürchte, er hat es nicht geschrieben. Wer zu dieser Sprache gekommen, vorgedrungen ist, kann nicht plötzlich einem Administrationsstil verfallen. Immer ist er an »Jakob der Lügner« gemessen worden, jedesmal war die Enttäuschung weltweit. »Amanda« war der letzte Fehltritt, der allerletzte: »Wir sind auch nur ein Volk«. Der Titel ist fürstlich, der Text selbst ein totales Entgleiten der Privilegien. Er ist zuerst gegangen, dann folgte Claus. In der Buchhändlerschule[1] ein letzter Informationsaustausch. Mich hatte Jurek längst als seine Komparsin (mit Sprecherlaubnis) abgeschrieben. Dort oben eine letzte Lesung, eine letzte Umarmung.

---

1 Deutsche Buchhändlerschule in Frankfurt-Seckbach; heute mediacampus frankfurt.

Seine Körperlichkeit ging dem Ende entgegen. Diese Aushöhlung hat Claus nicht erlebt oder besser: Wir haben sie nicht erlebt. Zeit ist Frist. »... *Denn der Staub muß wieder zur Erde kommen, wie er gewesen ist, und der Geist wieder zu Gott, der ihn gegeben hat. Es ist alles ganz eitel*«[1], spricht der Prediger, ganz eitel. Im Erdgeschehen sind dem Menschen zwei Minuten gegönnt. Warum kränken wir uns in dieser augenblickskurzen Zeit? In vierzigtausend Jahren ist wieder Eiszeit, höre ich eben.

Montag, 14. Juni: Mit großen Schritten der Eiszeit entgegen. Vom frühesten Morgen bis jetzt ferngesehen, bin ganz benommen. Ein klein wenig von einer Pusteblume fliegt vorbei. Der Anruf bei Becker war endlich der Beweis, daß ich registriert bin.[2] Doch erst Anfang August wieder anrufen, wann die Bewohnerin auszieht, ist noch nicht bekannt. Vorn oder hinten heraus wußte Frau Gaspar auch nicht. Es wird alles seinen Sinn haben.

Das Abendessen mit Nising endete mit einer Einladung nach Griechenland. Auf dem Weg zur Insel ein Besuch bei der Akropolis. Am besten schon am 2. September.

Ein Film heute morgen über die Dordogne. Da fiel mir unser Besuch bei René Char wieder ein, ganz wo anders. Ich wollte die Gedichte von Char aus dem Regal nehmen und

---

[1] Prediger 12,7; LUT.
[2] Elisabeth Borchers hatte sich um eine Wohnung im Cronstettenstift am Frankfurter Westhafen beworben.

siehe da, sie sind nicht da, der schwarz-gelbe Fischer-Umschlag. Wem habe ich das Buch vor vielen Jahren geliehen? Ich wollte die Gedichte nicht übersetzen, gab die Frage an Krolow weiter, auch er nicht. Was war das, was wollte ich nachlesen? Char hat uns ausnehmend freundlich empfangen, das Haus war sehr schwer zu finden, das hatte uns Helena Strassowa schon angekündigt. Und Char war auch nicht auf der Höhe, der Schlaganfall war nicht offensichtlich zu spüren, doch eine Zurückhaltung während des Gesprächs war da. Er ging dann ins Lavendelfeld, Lavendel zu schneiden, einen Arm voll. Der hing dann bis zum Ende bei Claus in der Küche. Dann und wann wurde er besprüht, dann stieg eine Duftwolke (Wölkchen) auf und das Lavendelfeld war wieder da, nah. Ein Haus in Südfrankreich wünschten wir uns. Wer nicht achtzig Prozent seiner Zeit dem Haus widmen kann, der läßt es sterben. Elle va mourire. Ein Verb, das ihm leicht fiel. Wo sind eigentlich die Briefe geblieben? Es gab sie doch. Ich hatte ihm geschrieben, wie ungern ich nach Berlin zöge, und als ich ankam, war Post von ihm da, ein bibliophiles Büchlein mit dem Titel »Petite Elisabeth«. Auch Grieshaber hatte tröstend reagiert mit einem Blatt und der Widmung: »Verehrteste!« Ein wahrhaft liebevoller Zuruf. Vielleicht sind diese und auch Grieshabers Briefe dem Molotowcocktail[1] zum Opfer gefallen, wie die von Celan und Nelly Sachs.

---

[1] Bei einem durch einen Molotowcocktail ausgelösten Kellerbrand wurde ein großer Teil des Archivs von Elisabeth Borchers vernichtet.

15. Juni, Dienstag: Der Montag ist vorüber, auch sein Abend auf dem Lerchesberg mit Rathkes. Ohne A. so recht nicht vorstellbar, viel war von Tobey die Rede, ich, im Besitz des vitalisierenden Blattes. Das Balkonfenster steht offen, der Wind bauscht das mächtige Grün der Bäume und der Himmel ist nicht ungefährlich. Ich habe die Geschichte von Joseph und seinen Brüdern, den fetten und den mageren Jahren gelesen und nur ungern aufgehört. Unterstrichen habe ich: »*Seht, der Träumer kommt daher.*« Wenn mich nicht alles trügt, habe ich diese Geschichte aufgenommen in das Träumebuch, vor vielen Jahren.

So viele Jahre mag es her sein, daß ich einen Brief an den Maler Balthus nach Italien geschrieben habe, an den Comte Balthazar Klossowski de Rola. Es ging um »Mitsou«[1], ein Buch, dem Rilke ein Vorwort dazu tat. Er würdigte mich keiner Antwort, was voraus zu sehen war. Im Gegensatz zu Lilja Brik, sie schrieb so vertraut, als kennten wir uns geraume Zeit.

RRs Interpretation des Heine Gedichts »Leise zieht durch mein Gemüt«[2] beeindruckt mich nicht, ich höre noch, wie meine Mutter es singt. Als von dem Gedicht (ankündigungsweise) die Rede war, ahnte ich nicht, daß es von Heine stammt. Die Titelwörter (Eine herrliche Bagatelle) sind viel zu hart für diese Lieblichkeit. Ich rufe also nicht

---

[1] Vollständiger Titel: »Mitsou. Vierzig Bilder von Balthus. Mit einem Vorwort von Rainer Maria Rilke«.
[2] In der Frankfurter Anthologie, erschienen in der FAZ vom 12.6.1999.

an, um zu gratulieren, wie es bisher der Brauch war. A. ist heute zum Bischof in und nach Limburg geladen.

Ich möchte eine Pistole besitzen, um die Chaosgeister zu zerballern. Einmal muß es doch sein. Claus hat es nicht geschafft, hunderte Male ist er zum Angriff übergegangen, hat viele hunderte Zettel angelegt, um System hinein zu bringen. Es ist ihm nicht geglückt, hat alles zurück gelassen und ahnte, daß ich nicht fertig werden würde damit.

Wer trocknet mir die Tränen, ich habe wieder ein Stück Prosa gelesen (»Der Himmel über Steinhausen«[1]). Wer heilt mich, wer nimmt mir das Bleigewicht? The person you are calling, bleibende Auskunft, wie in Steinhausen. Eine halbe Seite Steinhausen und schon bin ich erschöpft. Ich habe nach Monaten wieder einmal die ›Kladde‹ aufgeschlagen. No comment. The person you are … Schlimm, ja.

Es ist halb zehn an diesem Tag, dem Dienstag. Du bist in Reichweite des Bischofs und der anderen diesbezüglichen Herren. Denke dir nur, vorhin habe ich die Handynummer angerufen, wohl wissend, jene Stimme zu hören, siehe da, sie meldete sich nicht, der Ruf ging durch, ohne Antwort. Wo habt ihr gegessen, wo sitzt ihr jetzt? In den Fassaden der Hochhäuser spiegelt sich ein blasses Abendrot. In diesem Licht habe ich die letzte Seite von über Steinhausen gelesen. Deine Kommunion erinnerte mich an

---

[1] Aus Arnold Stadlers Roman: »Mein Hund, meine Sau, mein Leben«.

meine. Eine große Familie war versammelt, so viel Leute, ein heftiges Reden in den Räumen, der Duft von Zigarren, das Klingeln von Gläsern. Ich trug stolz meine neue goldene Armbanduhr, und während ich in meinem neuen ledergebundenen Gebetbuch blätterte, in einem der Sesselchen, und las, schaute ich immer wieder auf das Gold von Uhr und Armband, der weiße Kranz lag auf dem Schreibtisch meines Vaters und signalisierte, daß dieser Tag zu Ende ging, ich kam mir sehr heilig vor.

Eine andere, weit dramatischere Erinnerung kam mir geflogen: Ich hatte Fieber, lag weich und warm gepolstert im Bett und versuchte, das Wort ›ewig‹ zu Ende zu denken, diese ewige Spanne, die kein Ende nimmt, die weiter ist als so viele Male um die Welt, bis hinauf von Stern zu Stern und wieder zurück, und immer wieder setzte ich noch einmal ein Stück Ewigkeit an und war doch immer noch nicht am Ende. Da kam meine Mutter ins Zimmer, machte Zeichen, als winke sie mir von einem Ufer zum anderen zu, zu hören war nichts, nur das weiße Winken der Hand. Und während ich versuchte, sie in die nicht aufhörende Ewigkeit hinein zu nehmen, entfernte sie sich mehr und mehr, wurde kleiner, so klein wie eine Blume, wie ein Bleistift, wie ein Radiergummi, dann nur noch ein Knopf, ich schrie auf, meine Mutter kam gelaufen, wurde größer und größer, bis sie menschengroß war. Dann hörte ich die Stimme, die rief: das Fieber ist gestiegen. Ich konnte die Ewigkeit nicht ausmessen, bis heute nicht.

Es ist zum Verrücktwerden. Eben wollte ich Handkes Laudatio[1] noch einmal lesen, auf dem Stuhl am offenen Balkonfenster, da spürte ich die Abendkühle, nieste ein paar Mal und kam an die Maschine zurück. Dann ein Anruf bei Stockburgers, um noch einmal zu danken für die gestrige Abendherberge. Sie fanden es auch besonders schön mit ihren Gästen. Es reizt mich, noch einmal die Nummer klingeln zu lassen.

16. Juni, Mittwoch: Ein Anruf von Nising, gestern. Ich habe die Akropolis auf das nächste Jahr verschoben. Es ist auch zu bedenken, daß Kuba noch nicht geklärt ist. Hieber hat den Briefband Frisch/Johnson besprochen, gut zu lesen, nur eines scheint er nicht zu wissen: Es gibt sehr ernst zu nehmende Verstimmung. Ich werde Burgel fragen müssen, ob ich mich richtig erinnere. Erdbeben in Mexiko. Ich habe die Anrufe noch auf Band. Die Erdbeben nicht. Noch nicht. – Es sollte um die Psalmen gehen, gestern abend. Du erzählst einfach nicht, mühsam muß man sich die Sätze erbitten. Ohne noch mit Burgel gesprochen zu haben: Es wird mit Mariannes[2] ›Fehltritt‹ zusammen hängen. Ein amerikanischer Autor, dessen Name mir entfallen ist, dessen Buch in ihrer Übersetzung jedoch auf meinem Tisch lag. Es hat mich wenig oder überhaupt nicht beeindruckt. Ein vermurkster moderner Stil. Ich denke, Marianne hat in der Aura des Bewundertwerdens geschwelgt,

---

1 Laudatio auf Arnold Stadler zur Verleihung des Nicolas-Born-Preises 1995.
2 Marianne Frisch, von 1968 bis 1979 verheiratet mit Max Frisch.

Frisch hat es ihr übel genommen. Zu recht. Irgendwann hören die Unzuverlässigkeiten auf, haben aufzuhören, und Johnson hat sich eingemischt. Oder war es umgekehrt, Frisch hat sich in die Eheangelegenheiten Johnsons eingemischt. Wie auch immer. Die Sache führt mich zu einem fatalen Gespräch mit Marianne F., während einer Buchmesse, sie wollte mit mir reden. Das Gespräch wurde mit der Feststellung eröffnet: Sie wisse, warum ich sie nicht leiden könne, ich neide ihr Frisch und die Tatsache, daß sie um so vieles jünger sei. Ich fiel aus allen Oktoberwolken (denn die Messe findet im Oktober statt). Ich könnte es heute eingestehen, wenn mir Frisch ein Wunschkonzept gewesen wäre, er war's aber nicht. Und ihr Jüngersein war, verglichen mit meinem Ältersein, so gravierend nicht, daß ich mir dergleichen Abneigungen geleistet hätte. Nicht einmal heute und in ihrem Fall. Einmal waren Frisch und sie in der Arndtstraße[1] nach seiner Poetikvorlesungen. Ein andermal war ich bei ihnen in Berlin eingeladen. Wieder ein andermal setzte mich Unseld auf sie an, weil sie vorgeschlagen hatte, als Beraterin mitzuarbeiten. Sie stellt sich vor (wir saßen in meinem Arbeitszimmer), sie höre sich um, und wenn sie etwas höre von einem im Entstehen begriffenen Romanmanuskript, werde sie es melden. Daß ich, in einem Ansturm von kaum zu bewältigender Arbeit, entsetzt auf diese faule Vorstellung reagierte, muß jeder verstehen, der weiß, was Arbeit heißt. Kurz und gut,

---

1 Elisabeth Borchers und Claus Carlé wohnten beide in der Arndtstraße 17 im Frankfurter Westend, Claus Carlé im Erdgeschoss, Elisabeth Borchers im 2. Obergeschoss.

sie ging in die Klettenbergstraße zurück und Unseld rief an, mich zu fragen, was ich ihr angetan hätte, sie sei tränenüberströmt eingetroffen. Nun denn. Noch einmal sahen wir uns in Berlin, Claus bog scharf links vom Kuhdamm ab und hatte sie vor der Kühlerhaube, es passierte nichts. Manchmal frage ich nach ihr oder sehe sie auf der Messe, ohne Emotion, c'est tout. Auch die letzten Nachrichten von Frisch waren nicht zum Weinen. Die Arbeitsverständigung war gut; nach einigen vorsichtigen Rückfragen, die er hellhörig verstand, hat er sogar ein Manuskript zurückgezogen, das dann später, viel später, in einer anderen Fassung wieder zur Diskussion stand. Welcher Titel war es? »Montauk«. Und Johnson? Lediglich mit den »Letzten Jahrestagen« hatte ich zu tun, eine Farce. Das Manuskript war ungelesen zum Satz gegeben worden. Als die Fahnen vorlagen, folgte die Lektüre, die Rückfragen hier und da ergab. Johnson kam nach Frankfurt, es war am Vormittag, wir saßen kaum eine halbe Stunde, als er über Hunger klagte, er wolle in die Stadt zum Mittagessen, es war noch keine zwölf. Er wolle zum ›Strammen Max‹ in die Freßgasse. Da saßen wir dann, bestellten Sauerkraut mit Kartoffelpüree und Weißwein, jeder ein Glas, groß, dickbauchig. Das Essen wurde kalt, Johnsons Glas aber wurde immer aufs neue gefüllt. Ein unaufhörliches Reden und Fragen und Antworten, es ging auch um meine privaten Verhältnisse. Wie heißen Ihre Söhne? Ralf und Uwe. Wie bitte? Ralf und Uwe? Zehn Minuten später: Wie waren doch die Namen ihrer Söhne? Ralf und Uwe. Da begriff ich, daß er mit Vergnügen seinen Namen hörte. Nach drei Stunden riet ich dringend sich hinzulegen, abends sollte in der Klettenbergstraße seine Lesung stattfinden. Er sträubte sich, folgte dann aber doch. Ich begleitete ihn zum Taxi, den schweren Mann am Arm, fuhr aber nicht mit, zurück in den Verlag, bis abends dann.

Statt unwichtige Ereignisse zu reanimeren, sollte ich lieber den verschwundenen Ordner suchen und mich auf Büchner vorbereiten. Ich habe zwei Texte gelesen. Beim Aufräumen – ein wenig bin ich vorangekommen – fand ich Unselds Rede auf dem Beckett-Symposion in Amsterdam und las noch einmal. Und dann Handkes Laudatio auf Arnold Stadler. Der erste Text ein Untext, versucht literarische Inhalte zu bewegen, kalt, äußerlich, von sprachlichen Nuancierungen ist die Rede, ohne nuanciert zu sein. Und dann zu Handke und Stadler. Ich habe den Termin bei der Friseuse abgesagt, nach einer solchen Lektüre kann ich nicht zum Friseur. Handke zitiert aus dem Nachspiel in »Mein Hund ...« etc. Sie hat mich mit einer Zange ins Leben geholt. Ich bin auch das, was man eine Zangengeburt nennt. Ich möchte gleich anrufen, um ihm diese Entdeckung mitzuteilen, doch es genügt ja, wenn er es irgendwann erfährt. Handke hat ihn und was er schreibt wahrhaftig verstanden. Er nimmt immer wieder ausladende Adjektive zu Hilfe: gewaltige Sehnsucht, ungeheure Sehnsucht des Kindes. Ja, mitunter muß man zu solchen Wörtern Zuflucht nehmen, weil es gewaltige Gefühle sind. Handke ist ein wirklich guter Leser und Versteher, und ich finde hier auch die Bestätigung, warum ich immer aufs neue klein und demütig werde, wenn ich ihn lese, wie das Entdecken der Schrift und des Lesenkönnens. Und ich begreife nicht, wie Peter Hamm, der doch vorgibt, lesen zu können, einen Namen wie Sebald vor den Wagen spannt. Manchmal denke ich, ich könnte den Rest meines Lebens damit verbringen, seine Bücher immer aufs neue zu lesen. Und dann schäme ich mich vor mir, ihm und den anderen.

Daß ich hier sitze und schreibe, ist D. zu verdanken. Nicht das erste Mal war's, daß mir die Erinnerung angeraten wurde, doch daß ich's diesmal in Angriff nahm, ist ihm zu danken.

Mittwoch, 17: Juni: Gestern abend die sehr gute Lesung von Winkler in der Bergener Bücherstube[1]. Der Tod ist etwas Gewalttätiges, was sich auf und in die Sprache überträgt. Er bewältigt seine Sprachbegabung vortrefflich.

Ich möchte diese Seitenzahl nicht gelten lassen, ich werde sie wiederholen, weil diese Seite eine geheime, eine nicht zu lesende sein wird. Doch ich benötige diesen ›Luftkanal‹, um Luft zu schöpfen. 5. Moses 11,26: *Siehe, ich lege euch heute vor den Segen und den Fluch: den Segen, wenn ihr gehorcht, den Fluch, wenn ihr nicht gehorchen werdet ...* Ich bin also im Fluch gefangen. Um hier eine Pause zu machen, habe ich die abgefallenen blauen Blütenblätter vom

---

[1] Eigentlich »Berger Bücherstube«, Buchhandlung von Monika Steinkopf in Bergen-Enkheim, eine »Zuflucht für Schriftsteller und andere Leser« (FAZ).

Tischtuch aufgelesen und in Claus' irdene Schale geworfen, ohne Symbolkraft. Was ich erzählen will, dem Papier, also mir … Der Fluch frißt mich auf wie ein gewaltsames Tier. Wie oft schon habe ich mir gewünscht, durch physische Schmerzen von den anderen abgelenkt zu werden. Hoffentlich verfolgt mich der Fluch nicht bis zur Verwirklichung dieses Wunsches. Andererseits weiß ich, diese Erfahrung ist ein Höhepunkt. Dies Wort allein besänftigt mich, gibt der Vernunft eine Chance, mit der ich gar nichts im Sinn habe, es sei denn, sie ist wider mich gerichtet. Ich möchte dir sagen, ich halte das nicht aus. Doch: hielte ich das andere aus, wäre ich im Stande? Nein, ich hab's dir ja im Scalinatella[1] gesagt: unvorstellbar. Was also tun? Wenn ich's doch wüßte. Ich weiß es nicht.

Einmal durfte ich dabei sein, als Jeannette in die Badewanne gesetzt wurde. Ich fragte, warum sie das Unterhemd anlasse. Das Wasser hat keine Balken, sagte Madame Levi.

Woher weiß Müller-Schwefe, daß ich schreibe? Er möchte es lesen. Gewiß doch.

D. kommt nicht heute abend, er muß den Bender-Text zu Ende schreiben. Er hat mir ein paar Notizen aus dem neuesten Buch vorgelesen. Das ist nun wirklich ein notdürftiges Sammelsurium scheinbar treffender Beobachtungen und Gedankenleistungen. Warum lasse ich mich immer

---

1 »La Scalinatella«, Hotel auf Capri.

wieder irritieren statt froh zu sein, ein und dieselbe, die gleiche Sprache zu verstehen?

Ich sagte: Aber wo ist mein Park, mein Brunnen, wo sind meine Wege, hier durfte ich nach Belieben und unbeaufsichtigt Fahrrad fahren. Tante Annemarie zeigte auf eine kuchenblechgroße Verkehrsinsel und behauptete steif und fest, dort sei einmal der Park gewesen. Grotesk, mein Kinderpark, mein Märchenbrunnen, meine Wasserstille, mein grünes Moos zu einem asphaltierten Märchenbrunnen zusammenschmelzen zu wollen. Mein Großelternhaus, in dem doch auch die anderen gelebt hatten, erkannte ich nicht mehr: Ein weißes Steinhaus ohne Grün, und der einstmals bewohnbare Garten voller Nützlichkeiten, in Reih und Glied, alles eßbar. Ich habe es abgelehnt, uns dort wiederzuerkennen. Auch Hans[1], der nicht dabei war, hätte es abgelehnt. Mit einem Rucksäcklein, das die Mutter ihm gepackt hatte, war er zum Bahnhof gegangen, auf dem Weg nach Amerika. Und als siebzig Jahre vorbei waren, brachte ihn Alice[2] zurück, die Knochen, die Asche, in einer Blechdose in der Reisetasche am Zoll vorbei. Ich trug die Dose an mich gedrückt eines schönen Sonntags, der Himmel war blank und blau und die Wolken klein und weiß, zum Familiengrab. Die Pfarrerin kam vom Feld, war mit erdigen Füßen in erdige Schuhe geschlüpft und hielt uns und Hans die letzte Andacht. Da liegt er nun, ne-

---

1 Hans Beck, Onkel von Elisabeth Borchers.
2 Alice Schlegel, entfernte Verwandte.

ben Albert und Gertrud und Emil[1], in einem Erdloch so groß wie ein ordentlicher Bauernlaib. Er hatte heim wollen, doch schon zu Lebzeiten.

Ich habe mir ein Glas Rosé eingeschenkt. Ich möchte jetzt sofort auf den Kirchplatz von Capri, ich möchte dort einen Campari-Orange trinken. Ich möchte die erleuchtete Blitzstraße am Hang sehen, das Meer, Kaiser Augustus, was noch, dich natürlich und dann zum Essen.

Und du sitzt an dem glanzlosen Geschreibsel von Bender und nimmst deine Leuchtkraft, wozu das? Weil ich befreundet bin mit ihm. Das ist kein Grund, Freundschaften lassen sich nicht auf Literatur übertragen, das wäre ein faules Ei, und noch eins dazu.

Eine Ablage voller Briefe, auch von Frisch. Es war »Montauk«. Und eine andere Irritation: György Konrad. Ich hatte Frisch eine Fotokopie des Manuskripts »Der Komplize« geschickt, weil ich am Ende aus einem Leserausch aufgetaucht bin. Ich wollte mich mitteilen, Frisch teilnehmen lassen, von ihm war zu jener Zeit intern viel die Rede, als es um die Überlegung ging, welche Autoren werden teilnehmen intern, sollte der Verleger plötzlich ausfallen: Stiftung. Und ich dachte Frisch, der davon wissen mußte, fühlte sich nicht nur als Autor zugehörig. Irrtum.

---

[1] Verwandte, die auf dem Friedhof von Niederbronn beerdigt sind.

Samstag, 19. Juni: Gestern abend vor »Da Renzo« haben wir den Korb geleert, viel zu flüchtig, zu schnell, ich war außer Atem, als wir dort ankamen, ohne bestimmte Unterlagen, mit denen wir uns gesprächshalber befassen wollten. Das kränkt mich. Das Besprochene war dennoch gut oder die Art oder das Resultat. Wichtiges, Grundsätzliches auch. So dringend ich mich an die Maschine wünschte, so flach bin ich heute morgen noch, das kommt vom frühen Aufwachen, vier Uhr.

Als ich heim kam gestern abend, war das Quartett[1] noch in vollem Gang. Sigrid Damm wurde über die Hutschnur gelobt, Hanna Krall ebenso. Dann konnte ich nicht einschlafen, bin auch jetzt unruhig, warum nur. Werden wir zusammen zu Domin, Muschg fahren, das soll heute geklärt werden, hoffentlich zu unseren Gunsten. Was ist nur mit mir, bin zermürbt, mit Kopfweh, immerzu unruhig und angstvoll, als sei mir etwas geschehen, irreparabel oder es werde noch geschehen. Der Blick auf Raron[2], das Kirchlein, beruhigt mich nicht. Ein Kirchlein aus dem Bilderbuch, wie aus der Wolkenexplosion geschnitten, weißgrau vor dunklem Himmel, ein Kirchlein auf felsigem Grund, und jemand hat mir mit Bleistift auf die Rückseite geschrieben: in ein Buch zu legen. Wie lange ist das her? Wie alles: sehr lange.

---

[1] Das literarische Quartett, erfolgreiche ZDF-Sendung mit Marcel Reich-Ranicki, Hellmuth Karasek und Sigrid Löffler. Gast des Abends war die Schriftstellerin Eva Demski.
[2] Gemeinde im Wallis.

Tosia, Marcel, Claus, ich in einer der Böschá Sommerresidenzen[1] im Wallis. Von dort aus nach Raron, an einem heißen Tag, heiß der Aufstieg, durstig die Gräber und eine blühende Rose, Rose reiner Widerspruch, ein Mann kam daher und schimpfte ungeniert, Rilkes Grab[2] sei verwildert, ich: ich sehe keine Verwilderung, sehen Sie denn nicht das Unkraut? Drei bis vier Gräslein am Rand, mehr nicht, und innen in der Kirche der schwere kühle Schatten. Ein Gebet für uns alle, und Rilke wollte hier oben begraben sein, um diesen weiten Blick zu haben.

Es ist längst Sonntag geworden, 20. Juni: Ein Fensterflügel steht weit auf (das Herz weit mehr), auch dies ist ein Gebet, für uns alle. Auch für die, die die Gebetsgrenze längst überflogen haben. Katholischer Gottesdienst aus Landshut. Immer, wenn ich Meßdiener sehe, überkommt mich ein ängstlicher Herzschlag. Und als ich die Einladungskarte zur Rilke-Soirée fand vom 21.9.1983[3], begriff ich, daß dies kein Zufall ist. Das Dokument einer ersten Begegnung. 57 und 29, warum bin ich nicht versteinert, um befreit zu werden. Klassische Vorstellungen. Ich habe die beiden Umrisse noch vor mir: Der eine groß, der andere klein, wie ein Kinderlied, ein Handschlag, eine Gastgebergeste, weil die anderen sich im Getümmel befanden. Je

---

1 Vermutlich Residenzen des Unternehmers und Mäzen Kurt Bösch.
2 Rilkes Grab befindet sich unmittelbar neben der Kirche in Raron.
3 Gemeint ist vermutlich die Feier zum 50. Geburtstag des Rilke-Enkels Christoph Sieber-Rilke am 27.8.1983.

länger ich mich auf dieses Bild konzentriere, um so deutlicher bilde ich mir ein, dein Gesicht zu sehen.

Heute werden wir mit Hartmut und Petra[1] bei »Da Renzo« sein. Gestern bei Frau von Schlieffen, ein traurig gedämpfter Spätnachmittag, alles gerann zu düsteren Gesprächen, das eine führte zum nächsten, sie selbst, Claus, Mutter, Nelly Sachs. Mit dem Taxi nach Hause zu fahren, kam einer Flucht gleich und wie wüstendurstig zum Telefon, und du meldest dich. Ich konnte diesen Tag bei dir abladen. Wer hat mich da verraten und verkauft, wer nur?

Der gewaltige Kastanienbaum, dem offenen Fenster gegenüber, wie sehr hat ihn Mutti geliebt, gehorcht dem Wind, läßt sich bewegen. Die kleine Uhr (Voltcraft) von Claus zeigt 12.10 und 31. Sie existiert an meiner Seite. Ich habe angerufen, doch keine Reaktion, weder hier noch dort. 13.30 und 10.

19.09 und 53. Es wird immer dunkler, der Tag ist bald vorüber, auch wenn der Abend, wenn möglich, noch schön wird. Ich hatte gehofft, ein paar Seiten zu schreiben, statt dessen waren die Stunden ohne Kontrolle. Katharina Borkowsky hat angerufen und damit wäre ein Stichwort gegeben.

---

[1] Hartmut und Petra Schröter.

Dienstagmorgen, 22. Juni: Kurz nach acht hat Burgel angerufen: Karl[1] ist gestern abend gestorben.

Es gibt Ereignisse, um die man – wie die ungeschliffene Redensart behauptet – nicht herumkommt. Ereignisse wie Krieg und Frieden, Himmel und Erde, Mensch und Tier. Ich denke da auch an die vielen Zeilen aus dem Divan des Almoktadir el Maghrebi aus dem 13. Jahrhundert: *Viele starben, doch dies geschah in der Vergangenheit, die (wer wüßte das nicht?) die dem Tod günstigste Jahreszeit ist. Kann es sein, daß ich, Untertan von Yakub Almansor, sterben soll, so wie sterben mußten die Rosen und Aristoteles?*

Mehr hatte Borges aus diesem Divan nicht übersetzt. Ich schließe daraus, es waren die wichtigsten oder die ihm wichtigsten Zeilen oder Beweggründe, die ihn nachdenklich stimmten oder übereinstimmten mit seinen 700 Jahre späteren Sorgen, mit seiner Geistesverfassung. Wer würde nicht diesem Tod der Rosen und des Aristoteles aus dem Weg gehen wollen, vorläufig zumindest, zumindest noch für ein Weilchen.

Wer würde nicht den Grenzen aus den Inschriften von Montevideo 1928 recht geben, wer würde diese Grenzen nicht aus dem Weg räumen wollen, wohl wissend, daß sie das Ende verkünden:

---

[1] Karl Krolow.

Es gibt eine Zeile von Verlaine, die mir nicht mehr einfallen wird, es gibt, es gibt eine Straße in der Nachbarschaft, die meinen Schritten verboten ist, es gibt einen Spiegel, der mich zum letzten Mal erblickt hat, unter den Büchern in meiner Bibliothek (ich habe sie vor mir) ist eines, das ich nie mehr aufschlagen werde.
  Diesen Sommer werde ich fünfzig Jahre alt,
  der Tod verheert mich, unablässig.

Julio Platero Haedo

Diese uns allzeit begleitende Vergänglichkeit ist unsere unheilbare, unsere heillose Krankheit. Selbst Jeremia ruft vergebens: *Ist denn keine Salbe in Gilead oder ist kein Arzt da?*

Wer sich dieses Themas der Vergänglichkeit annimmt, wird weder hungern noch dürsten. Er wird gesättigt sein von so viel Hunger und Durst. Stadler hat sich dieses Themas angenommen, hat sich mit dem literarischen Herzstück befaßt in seinem gleichnamigen Johann Peter Hebel Buch.

Als der Präsident[1] Arnold Stadler telefonisch die frohe Botschaft des Büchner-Preises übermittelte, sagte Stadler: so vergänglich also bin ich. Und damit bezog er sich listig auf seinen Kinderwunsch, einmal Papst zu werden, auf das Ritual der Papstwahl. Ein Kardinal läßt auf einem sil-

---

1 Christian Meier.

bernen Tablett die Stimmen der Wahl anzünden und verglimmen unter Ausrufung: Wo immer sie auftritt, mit kleinen oder großen Gesten, selbst dort, so es um das höchste Amt auf Erden geht, ist die Vergänglichkeit der nicht zu tilgende Makel.

Der Vater sagt zu seinem Sohn: Ach, es wird nicht anders sein, du magst mich anschauen, wie du willst. Und nach und nach wird die ganze Welt verbrennen. Und schließlich wird alles Feuer fangen und brennen und brennen, der ganze Boden und keiner wird da sein, der löscht. Alles wird wohl von selbst verkohlen. Nachts zu Fuß auf der Straße nach Basel, zwischen Steinen und Brombach erschrickt der Junge in Gedanken daran, daß ›unser Haus‹ auch einmal so aussehen könnte wie die Ruine des Schloßes Rötteln. Sag Vater, wird es ihm auch einmal so gehen? Er könne es sich gar nicht vorstellen. Und der Vater verhilft ihm zu der Erkenntnis: Alles beginnt jung und neu und alles geht dem Alter zu, schleichend, und alles geht zu Ende. Siehst du am Himmel oben Stern an Stern? Man glaubt, keiner von ihnen rühre sich und doch läuft alles weiter. Du bist noch jung, ich war es auch. Jetzt ändert sich das. Das Alter, das Alter kommt. Und wo ich hingehe, nach Gresgen oder zur Wiese hin, aufs Feld oder in den Wald, nach Basel oder nach Hause: einerlei, ich gehe Richtung Friedhof. Die Schafe und Ziegen werden auf meinem Grab weiden. Und das Haus wird alt und leer sein. Und wenn man dann einmal gar das Jahr 2000 zählt, ist alles zusammengefallen.

Stadler hat dieses alemannische Gedicht, von dem er unsicher ist, ob es ein Gedicht ist oder vielmehr eine verdichtete Kurzgeschichte – eine philosophische Eschatologie oder ein poetischer Dialog – oder ein Schöpfungsgedicht oder etwas ganz und gar Unübersetzbares. Auch wenn er den Verdacht hegt, die Übersetzung werde zu etwas Ephemerem, Unzureichendem, greife ich nicht zu hoch, diese nicht nur übersetzerische, auch kommentierende, d. h. begleitende Leistung unvergleichlich zu nennen. Mehr noch, es will scheinen, als bilde das Innerste des Gedichts den Ausgangspunkt seines Denkens und Schreibens. Vor allem dann, wenn Stadler sagt: Ein Gespräch – also zwischen Sohn und Vater – von unterwegs, es kommt über eine Kinderfrage in Gang.

Arnold Stadlers Lebensbuch – alle seine Bücher sind Lebensbücher – ganz besonders aber »Mein Hund, meine Sau, mein Leben«, sind voller Kinderfragen, Kinderereignisse, Kinderstaunen und Kinderschrecken. Das fängt früh an, schon im Bauch der Hoferbin.

»Erst im 6. Monat, als ich schon beinahe laufen konnte, in meiner kleinen Weltkugel herumspazierte, schwamm ich in ihr, mich um die eigene Achse drehte, kleine Reisen durch meine ferne, ernste Welt unternahm, kam die Schwackenreuter Seite damit an.« Daher wohl auch im Proustschen Fragebogen u. a. die Antwort auf die Frage nach dem Verabscheuungswürdigsten der Satz: Der Bauch gehört mir.

Ich habe diese Aufgabe, die Laudatio zu schreiben, aufgegeben. D. macht mir diese Kapitulation leichter, sagte, es sei kein Versagen. Ist es aber doch. Wie sehr hatte ich mir gewünscht, für ihn und nur für ihn und seine Bücher ein beachtliches Lob zu schreiben und zu reden. Da ich dies nicht zu leisten im Stande bin, werden mir alle anderen Reden hinfällig, ein Betrug an mir selbst. Wie ist es möglich, alle erdreisten sich, über ihn zu schreiben, nur mir gelingt es nicht, ist zu wenig, kläglich geradezu, beschämend wenig, wenn ich lese, wie und was er zu sagen hat, angefangen vom Bauch der Hoferbin, ein Universum der Zärtlichkeit, ein Stern aus Mitleiden, Grundriß des Schmerzes, es raubt mir immer wieder den Atem, wenn ich lese, welche Leistungen menschlicher und sprachlicher Art, Satz für Satz, Bild für Bild entstehen. Wenn ich dies bedenke, liegt mein Versagen so nah auf der Hand. Ich müßte mir das Schreiben verbieten, ich kokettiere nicht, es ist mir ernst und traurig zugleich, nicht einmal zu einem Satz wie: *ein Herz, das zugleich ein Tropfen ist, eine Welt, eine Perle, ein Ozean, ein Sklave und ein König ...* bin ich fähig. Handke hat ihn als eines seiner beiden Motti im neuen Buch genannt: »Lucie im Wald mit den Dingsda«. Ich habe den Verdacht, daß diese Geschichte sehr schön ist. Und auch der Satz von John Lennon: *Picture yourself in a boat on a river ...*

Ich muß neu den Faden knüpfen, so lange habe ich nicht mehr geschrieben. So viel ist geschehen an Wichtigem, Unwichtigem.

Krolow ist im Krankenhaus gestorben, die Trauerfeier fand am Mittwoch, den 30. Juni statt. Marcel: glanzlose Veranstaltung. Müller-Schwefe: alles war matt. Bei Lucie[1] eine Kleinstversammlung, darunter auch Ulla Hahn (wieso?). In ihrer Anthologie sei ich nicht vorhanden, es mußte gekürzt werden, die Kürzung überließ sie dem Lektor, wie gut, daß Krechel nicht geopfert wurde.

Abends: Mit Adrienne[2] Walser vom Parkhotel abgeholt, dann zu Schneiders[3], Rotwein und Bergener Leberwurst. Lesung in Enkheim, an aggressiven Transparenten vorbei. Walser gehöre vor Gericht. Ach, diese kleinen, unwissenden Temperamente. Walser las »In Goethes Hand«, ein geniales, ungeheures Leseschauspiel. Gisela und Albrecht[4], Hartmut und Petra waren auch da. Anschließend in die Lindenwirtschaft und dort ein Ende des Genusses. Burgel eröffnet Walser, er sei auch im zweiten Klassiker-Reden-Band nicht aufgenommen. Walser verläßt heiß empört das Lokal, und Buchwald[5] erklärt mir dies Unverantwortliche ganz nebenbei: Kein Lektor lasse sich gern in den Suppentopf schauen. Ein elender Kotau vor Bubis, eine tiefe Verletzung Walsers, eine Mißachtung sondergleichen. Es würde nicht wundern, wenn Walser – trotz der vielen Ti-

---

1 Lucie Krolow, Ehefrau von Karl Krolow.
2 Adrienne Schneider, Mitarbeiterin des Suhrkamp Verlages, zuständig für Autorenlesungen.
3 Adrienne und ihre Mutter, Annemarie Schneider, Witwe des Schriftstellers Franz Josef Schneider.
4 Gisela und Albrecht Stockburger.
5 Christoph Buchwald, Verlagsleiter des Suhrkamp Verlages.

tel – mit dem nächsten Buch das Weite suchte. Vor vielen Jahren trieb ihn dieser Gedanke schon um, weil es der Verlag nicht schaffte, auch nur mit seinem neuesten Buch eine zehntausender Auflage zu erreichen. Damals habe ich ihn beschwichtigt und überredet. Am nächsten Morgen habe ich ihn in Nußdorf angerufen, aber er war noch nicht zurück und Käthe[1] sehr besorgt, auch als sie von dem Redendesaster hörte, da er sich bei Band eins bereits über die Maßen aufgeregt habe. Wie die Wut in mir aufstieg, wie ich mich erinnerte an diese Rücksichtslosigkeiten, dieses Über-alles-Hinweggehen, nur nicht über sich selbst. Nicht nur ich, die umliegende Welt ist gespannt auf die Zukunftsentscheidungen. Inzwischen war wieder der Anwalt aus München[2] in der Klettenbergstraße, auch Buchwald und Röder[3] waren zum Gespräch gebeten. Ich glaube nicht, daß mit Buchwald die treffliche Wahl stattgefunden hat. Nun, wir werden sehen.

Als wir vor Walsers Lesung von Schneiders weggingen, hatte ich die Gelegenheit, auf dem Weg durch den Garten mit Walser zu reden. Ich sagte ihm, daß ich den ihm versprochenen, ungeschliffenen Diamanten immer noch nicht gefunden hätte, daß ihn der Erdboden womöglich verschluckt habe, wie manches andere auch. Zuerst sei mir Clausens teures Portomonnaie gestohlen worden, dann sei das letzte Geschenk, eine Brosche mit zwei goldenen

---

[1] Käthe Walser, Ehefrau von Martin Walser.
[2] Heinrich Lübbert, Rechtsanwalt.
[3] Philipp Roeder, kaufmännischer Geschäftsführer des Suhrkamp Verlages.

Löwen aus Japan, verschwunden. Gestohlen wurde eine kostbare Korallenkette, auch der silberne Armreif ist verschwunden. Holt sich Claus die Geschenke zurück? Von einer Nachricht zur anderen brach Walser in helles Entzücken aus. So muß es sein, das ist der Gang der Dinge, ein großes literarisches Thema, nichts ist haltbar, alles geht dahin. Wie wahr!

Freitag, 9. Juli, wieviel Uhr: Nach der täglichen Bibellektüre habe ich weitergelesen in Handkes Lucie-Geschichte und als die Stelle kam: der Vater, der unansehnliche, kommt noch unansehnlicher aus dem Wald, außerdem findet Lucie, daß er stinkt, wie gut wäre es, wenn es Benzingestank wäre, aber nein –, da fiel mir eine Waldgeschichte mit Laslik ein, ein von meiner Cousine adoptiertes Zigeunerkind aus Jugoslawien, klein, sehr klein noch. Ich legte ihn in einer der schönsten Kinderwagen, die es gibt, französisch, dunkelblau, tief, auf kleinen Ballonreifen und meine Tante, die Mutter der Cousine, beschwor mich, gut auf Laslik aufzupassen, mitten im Wald und an dem Gehege einer Wildschweinzucht vorbei. Ich versprach ihr, sehr vorsichtig zu sein, dann schob ich den Wagen den anfänglich bergauf steigenden Weg Richtung Forsthaus, mein geliebtes Ziel von jeher, auch wenn ich nur mit Zigaretten ausgestattet einen Abendspaziergang machte. Da Laslik anfing zu sprechen (Mama, Papa, obwohl er doch keinen von ihnen kannte), wollte ich ihm ein deutsches Wort beibringen, ich sagte: Auto, Laslik antwortete mit Otto, das ist französich. Und so unterhielten wir uns Stunde um Stunde, ich sagte: Auto und Laslik: Otto. Manchmal wurde ich ärgerlich, immer dann, wenn der Weg ein wenig bergab ging, ich gab dem Wagen einen gehörigen Schubs, daß er davonschoß, rief hinterher: Auto, Auto, Auto, und schrill vor Vergnügen schrie Laslik zurück: Otto, Otto, Otto, bis ich den Wagen wieder einholte und bremste, auch an den Wildschweinen vorbei mit der Muttersau und der Vatersau und den vielen kleinen. Laslik konnte sie in seinem tiefen dunkelblauen, wunderbar gefederten Wagen nicht sehen, bis wir an die Holzbank kamen unter dem 150 Jahre alten Baum, wenige Meter vom Forsthaus entfernt, in dem aber nicht mehr – wie zu Großvaters Zeiten – der Förster mit seiner Familie wohnte, sondern ein Forstgehilfe mit seiner Familie, der aber nichts von meiner Großvaterzeit wußte, also auch nichts vom Großvaterrucksack mit Brot und Butter und Schinken und Schokolade. Der Förstergehilfe bot uns nichts zu trinken an, wie seinerzeit der Förster. Und so machten wir uns nach einiger Zeit wieder auf den Heimweg und übten weiter die deutsche Sprache ohne Erfolg. Inzwischen heißt Laslik Frédéric, spricht fließend französisch und deutsch; nach seinen Eltern sucht er nicht, und er weiß auch nicht, daß ich im Wald, umwölkt von so viel Waldesduft, den Benzingestank eines durchfahrenden Autos wie betört einatmete, ich, die aus der Großstadt kam. Manchmal sehe ich Frédéric, ich werde ihn das nächste Mal an unsere Kutschfahrt erinnern, auch an die Wildschweine, die es jetzt nicht mehr gibt, und die er nie gesehen hat, weil er zu klein und der Wagen zu tief war.

Es ist 10 Uhr 10. Die Sonne kommt durch die weißen Sonnenvorhänge, und D. bereitet sich auf das Spiegelgespräch[1] vor. Außerdem sind die Proust-Tage in Hamburg in vollem Gange. Ich muß in die Stadt und die Geburtstagsrosen für Hilde Domin bestellen. Später.

Immer, wenn ich das Bettzeug ausschlage – gegen den sogenannten Bettstaub – sehe ich hinunter in die schachtgroße Aussparung des Hinterhofbeetes, ein Stückchen nackte Erde. Und ich sehe das Bild von vor zwei Jahren, als Claus den Boden lockerte und Grassamen ausstreute. Ich rief ihm zu und hinunter, nicht so sparsam zu sein. Das Gras wuchs nach einem Weilchen, dann war es verschwunden. Jetzt ist kein Gräslein mehr zu sehen, er hätte es doch üppiger säen müssen oder bleiben.

Die zehn bestellten Bände von D.s Buch sind eingetroffen. Welch ein Schwachsinn, dieses Büchner-Preis-Etikett, klein schräg, flau, gut für ein Verfallsdatum. Ein Spott für den Preis, den Autor, den sogenannten Verleger. Ein solcher Mißgriff sollte unter Strafe gestellt werden.

Sagte ich's schon: es ist Freitag, inzwischen Abend, 19.45 Uhr. Ich warte auf D.s Anruf, wenn die Spiegelleute fort sind, bei »Da Renzo« habe ich uns angemeldet. Er soll ein Taxi neh-

---

[1] SPIEGEL-Gespräch mit Mathias Schreiber, geführt im Bergen-Enkheimer Stadtschreiberhaus, erschienen am 19.7.1999.

men. Wie wird sich Peter[1] entscheiden, übernimmt er die Laudatio?

Welchen Gedanken hätte ich aufgegriffen, wenn ich nicht losgelassen hätte? D. hat angerufen, halb neun bei »Da Renzo«. Ich wollte die »comédie humaine« als fortführendes Stichwort aufnehmen. Gar nicht übel, denke ich, aber dann? Ja, doch, es gibt eine Stelle[2], die nicht zu widerlegen ist:

Gerade fünf Kilometer von der Stelle entfernt, wo ich schließlich geboren wurde (4500 g) stand ein Kreuz, und unter dem Kreuz stand ein Büßer, nackt, betend, nur mit einem Rosenkranz an der Stelle, wo ein Bischof sein goldenes Brustkreuz trägt, sonst nackt. Ich habe ihn gesehen. Es war der erste Nackte, den ich gesehen habe, und dann so einer! So wollte er die Welt retten (von der Bundesstraße 311 aus und ihr zum Zeichen), und landete statt dessen in der Psychatrie.

Ist dies nicht in ein paar Zeilen gefaßt die ganze comédie humaine? Ist sie es nicht? Vom Sündenbewußtsein geschlagen, in totaler Demut und im Hochmut zugleich, ein Retter der Welt sein zu können.

Was sind das für Bibelworte, die nicht in der Bibel stehen: *Wir waren ungläubig und wurden für unseren Unglauben mit dem Leben bestraft.* Und dann, was zu den Geschwis-

---

1 Peter Hamm.
2 Hier und im Folgenden aus »Ein hinreissender Schrotthändler« von Arnold Stadler.

tern Schrott, Kurzwarengeschäft, gesagt wird: *Ich wurde in den Unsinn, das Leben zwischen den Kurzwaren, eingewiesen.*

Wie kommt Kurt Flasch dazu zu behaupten, A. ST. mache auch Mätzchen, und als ich ihn um ein Beispiel bat: Er habe Papst werden wollen. Ich habe Flasch nicht begriffen, gerade dieser Wunsch scheint mir allzu plausibel zu sein, man denke nur an die vielen Lokomotivführer, an die Kapitäne, die Helden als Forscher oder Räuber oder Sieger. Ich hingegen wollte Serviererin werden in einem mit dickem Teppich ausgelegten Café, endlich einmal so viel Buttercrèmetorte essen können, wie ich wollte. Später dann wechselte ich über ins Mannequin-Fach. Wie Lore[1], die um etliche Jahre älter war als ich, im selben Haus wohnte, deren Vater aus dem ersten Weltkrieg mit einem Gehirnschaden nach Hause gekommen war und nun immer sagte: ich emnemnem gehe jetzt emnemnem einkaufen, und seine Blötschkappe trug er auch im Haus. Lore in ihrer Schlankheit mit überlangen Beinen wollte Mannequin werden. Und als ich mir diesen Wunsch zu eigen machte und ihm meinem Vater erzählte, sagte er: Machen wir es so, Lore führt die Kleider vor, die du dann kaufst.

Vor einer Woche, heute Freitag, saßen wir in Darmstadt beieinander und jeder hoffte, als Sieger hervorzugehen. Und als ich schon alle Hoffnung aufgegeben hatte: al pari Mayröcker/Stadler und Braun und Sebald, schlug Mu-

---

1 Vermutlich eine Freundin aus der Schulzeit.

schg das demokratische Wahlverfahren vor, wie es in der Schweiz gehandhabt wird.

Am nächsten Morgen. Ich habe mir die Hausaufgaben vom Hals geschafft: dem allersüßesten Hund gekündigt und den Immobilientermin abgesprochen. 18 Uhr heute abend vor dem Haus. Die Morgensonne fällt auf die Terrasse drüben. Die Schwalben ziehen Kreise, auch die Wolken, welch ein Morgen! Um halb zwei im Operncafé.[1]

Ein Nachtrag zum Verlustkapitel: Meine Bibel ist in rotes Leder gebunden, es war ein Geschenk an Claus, mitgebracht von der Leipziger Messe, vom Insel-Stand, mit einem Salomo-Spruch, 1963. Dieses Widmungsblatt ist aus der Bibel verschwunden. Ich habe meinen Augen nicht getraut. Geht Claus durch die Wohnung und straft mich, nachts, oder wenn ich nicht da bin? Was wird mir als nächstes fehlen? Fast fürchte ich mich vor einer neuen Entdeckung. Es hilft nichts, mir Mut zuzusprechen.

In einer der vergangenen Nächte habe ich gegen zwei Uhr einen Film von, über und in Lourdes gesehen. Und ein andermal in der Nacht einen Film mit und über Nina Hagen. Und wieder wurde ich an den frühen Abend erinnert, ich vor der Wohnungstür bei Wolf Biermann und Eva-Maria Hagen, Nina macht mir auf, ein Mädchen von vielleicht 9–10 Jahren mit dunklen Zöpfen. Sie macht einen

---

1 Café am Frankfurter Opernplatz.

Knicks, und ich denke wieder an meinen letzten Knicks bei der Begrüßung von Tante Rita[1], sie war entzückt und ich 17 Jahre alt.

Biermann und Eva-Maria haben wunderbar zusammen gesungen, wenn ich nur das Lied von den Brüdern noch wüßte. Es faltete sozusagen die Seele auf, daß sie schutzlos wurde.

Ein andermal mit Oma Meume[2] zurück nach Westberlin, im Hüfthalter ringsum Liederkassetten. Wir sind nicht erwischt worden. Ein andermal, auf dem Hinweg, umpolstert mit den Büchern von Helga Novak. Ich war derart in der Bewegung eingeschränkt, daß ich mich nur vorsichtig auf die Bank niederlassen konnte. Ich sah, wie ein Vopo dem anderen etwas zuflüsterte, der aber lächelte weise – da wußte ich, sie vermuteten in mir eine Schwangere; statt mich zur Leibesvisitation herauszuwinken.

Sonntag, 11. Juli: Ein sehr warmer Tag, ein Gewitter bereitet sich vor. Das Telefongespräch war nicht beglückend heute morgen. Immer wieder fährt etwas dazwischen, etwas Unerwünschtes, Verzichtbares. Gestern haben wir die beiden Wohnungen gegenüber angeschaut. Zu teuer, die eine wäre sehr angenehm im Schnitt, ein großer Baum davor, zwei schmale Balkone. Danach Einladung zu Auffer-

---
1 Patentante von Ralf Borchers.
2 »Oma Meume«, Lied von Wolf Biermann.

mann, ohne mich. Heute morgen war davon die Rede und von anderem. Ich weiß nicht, es gibt eine Sprache, mit der wir einander nicht verstehen, was auch immer an Schönem, ja Wunderbarem geschieht oder geschehen ist. ... Das Gedicht für die Festschrift für Hinderer: Alles ist immer schon viele Jahre her – eine Feststellung, die D. getroffen hat im Herbst 97, im Römerbad[1], das dort entstandene Gedicht ist ein wenig, nicht grundsätzlich verändert. Doch selbst, wenn das jetzt dort erscheint, ist es ein Gedicht, das D. und mir gehört, denn wir sind am Abend die Wege gegangen, haben die Lichter jenseits der Grenze gesehen, haben die Zeder berührt und die schwarze Nacht kommen gesehen, über den Schwarzwald, übers Elsaß.

Die kleine gelbe Rose von Renzo hat sich völlig entfaltet, das Gelb ist blaß und durchscheinend geworden. Gisela hat von den Hamburger Prouststunden erzählt, sie war ganz erfüllt. Was wünscht man sich mehr. Auch die Schrift der Schreibmaschine wird blasser von Tag zu Tag. Was wird aus dem Tag, wahrscheinlich nichts.

Sonntag, 25. Juli: 2. Tag in Merligen[2]. Was ist los, die Maschine schreibt so viel leichter, das kann doch nicht allein am neuen Farbband liegen, ein Farbband, das es von rechtswegen gar nicht mehr gibt. Eben haben wir miteinander telefoniert. Ihr fahrt heute noch nach Bergen. Es ist

---

1 Hotel in Badenweiler.
2 Im Hotel »Beatus« am Thunersee verbrachten Elisabeth Borchers und Claus Carlé viele Sommerurlaube.

zwanzig vor zwölf. Ich habe D. gesagt, daß ich allein nicht mehr nach Merligen fahren werde. Der Gesprächspartner fehlt. Frau Rohner[1] versteht das, es graust sie in Gedanken an eben diese Situation. Ihr Mann sitzt daneben, er weiß wohl, daß er der erste sein wird, der das Zeitliche segnet. Eine landläufige Formulierung, viel zu schön, um landläufig zu sein. D. kommt erst am Freitag, 30. nach Merligen. Jeder Tag ein herber Verlust. Viel Zeit ist vergangen seit dem 11. Juli, auch ein Sonntag. Gestern im Bund eine Seite Johannes Bobrowski, gegenüber auf Seite 11, eine Seite Albertine Sarrazin, L'Astragale etc. Was sind das für Vergangenheiten, Luchterhand. Ich habe den Namen des Unionverlegers vergessen, der sich fürstlich vorkam im Besitz der Bobrowski-Rechte, ließ sich hofieren, umwerben, tat's wie ein Autor, auch der versprach Hinz und Kunz die Option, ohne das Recht dazu zu haben. Andererseits verständlich, endlich einmal eine Machtposition, wie immer es ausgeht auf der Gewinnerseite zu stehn. Letztlich blieb der Gewinn aus. Ein Jahr später (wenn ich mich recht erinnere) war Hannes[2] tot. Und heute ist nichts mehr übrig als Bild und Ton einer Randerscheinung, ein paar Legenden, die man sich auch nicht mehr erzählt, die man sich aber mit Genuß erzählt hat: GB[3] Fuchs und Hannes, zwei (dazu Robert Wolfgang[4]) Saufbrüder, eine Zeitlang ge-

---

1 Ehefrau des Schriftstellers, Lektors und Übersetzers Wolfgang Rohner-Radegast.
2 Johannes Bobrowski.
3 Günter Bruno.
4 Robert Wolfgang Schnell.

hörte auch Manfred Bieler dazu. (Weil Wollschläger diesen Namen beim Büchnerpreis nicht durchbekam, schied er gekränkt aus dem Präsidium aus, welch eine Narretei). In der ehemaligen Villa der Marika Rökk wurden die beiden Dickwänste (Günter und Hannes) in einem Bett erwischt, das Bett brach zusammen, das ganze Haus hätte zusammenbrechen müssen bei diesen Umfängen. Schöne Tage waren das in diesem Schriftstellerheim am See, ja, der Schwielowsee. Der See hier, dem Hotelhaus zu Füßen, ein wahrer Sonntagssee mit den hellen Flecken der Sonntagsschiffe, den Sonntagsschaumkronen, den zierlichen Sonntagssegelschiffen und den gewichtig daher schwimmenden Personendampfern.

Gräuliche Wolken schleichen sich heran aus Richtung Thun und umgarnen die felsigen Berge auf der anderen Seeseite. Der Niesen aber steht klipp und klar im Himmelsblau. Auf dem Schwielowsee gab's nur ein Schiffchen, das waren Max Schultz und ich im Ruderboot. Er war mir sehr sympathisch, auch wenn er alles andere als ein Schriftsteller war. Als ich einen pazifistischen Gedanken äußerte, protestierte Paul Wiens, ihm sei ein ordentlicher Nazi lieber als ein Pazifist; der Nazi brauche lediglich die Richtung seines Gewehrlaufs zu ändern, neu einzustellen. Paul Wiens ist nicht lang danach gestorben, nicht am Gewehr, an Krebs, woran sonst. Von meinem gestrigen ersten Pilgerweg habe ich für Claus einen winzigen Tannenzapfen mitgebracht. Was war so faszinierend an der Albertine[1]. Dieses Gemisch aus Verlorenheit, Ausgestoßensein, Unerträglichkeit, Knast und Liebe natürlich, möchte wissen, was aus Julien Sarrazin geworden ist, den sie hoch und heilig geliebt hat, mit dem sie hoffte, in einem kleinen Haus, wo? – ein kleines Haus kann nur in der Provence stehn – leben zu können mit ihrem Schreiben. Sie war brutal, vulgär, zärtlich, liebesbegabt. Und schön dazu. Neben der Maschine steht D.s Lachbild, von Hartmut aufgenommen. Und jedesmal, wenn mein Blick darauf fällt, klart mein Gesicht auf, ich spüre es. Nach dem Frühstück das erste Mal den Hangweg hinauf bis zur Villa von Goetz. Der kleine dörfliche Friedhof ist nun fast schon überfüllt. Damals: vor vielen Jahren, an einem ersten Ferientag nach dem Abendessen, war ich so begierig diesen Weg zu gehen, daß ich Rudolf und Katharina[2] und Claus am Tisch ließ und allein leichtfüßig den Hang hinauf lief, auf die hübsche Kirche zu und die Abendschönheit allüberall so sehr, so intensiv aufnahm, daß ich, als mein Blick unvermutet auf den Friedhof fiel, wie festgenagelt stehen blieb. Mein Seligkeitsgefühl war so groß, daß ich die Möglichkeit, auch hier werde gestorben, gar nicht begreifen konnte. Rudolf ist tot, Katharina wagt nicht mehr nach Merligen zurückzukommen, ich komme, obwohl Claus auch tot ist. Was sind das für Zustände?

---

1 Albertine Sarrazin.
2 Rudolf und Katharina Borkowsky, Freunde aus Neuwied.

Ich werde mich jetzt für den Park richten, nun hilft mir auch D.s Lachgesicht nicht mehr, das erste Mal, daß ich vergebens schaue. Aber die kleine Bronzetafel zu Beginn des Pilgerwegs mit dem 2. Vers von Psalm 111 steht immer noch da: *Die Werke des Herrn sind groß, zum Staunen für alle.* Ach, Herr.

Das Geglitzer des Sees, lauter Silberstücke. Und die kleine weiße Wolke von vorhin (aus der Familie der Baumwollflocken) ist verschwunden. Sie erinnerte mich an den Januartag vor ein paar Jahren, als wir zur Beerdigung von Busch hinab in die Provence fuhren. Da stand sie schon an einem unwiderruflich blauem Himmel und suchte nach einer Pforte, um ins Blau aufgenommen zu werden. Ich stellte mir vor, daß es Buschs Seele war, die in ihre neue Wohnung wollte.

Montag, 1 Uhr 35 Mittag: Mit D. telefoniert. Er soll zum Akkupunkturzentrum. Seine Schmerzen müssen doch verscheuchbar sein. Hoffentlich geht er auch. Mein Blick fällt auf die Bilder der Sirene, u. a. Celan, vor allem Pierre Jean Jouve. Das Bild erinnert mich an ihn in Paris.

Aus dem Park zurück. Gelegen, gelesen, geschwommen, im Solbad gewesen, Madame Schwalm[1] getroffen, Kaffee getrunken und jetzt in aller Unruhe hinauf, so unruhig wie das Wasser vor dem ins Wassergehen, nervös war es,

---

[1] Freundin aus Frankfurt.

unleidlich, als wolle es an Land. Da liegt man nun, halb Sonne, halb Schatten durch das Laub hindurch und denkt an all die Jahrzehnte, die seit dem ersten Mal vergangen sind, Rudolf und Katharina im Blickfeld, Nora und Claus, Claus. Und die weißen, weißen Wolken, ganz anders als die kleine weiße Wolke, breit, mächtig, hoch aufgetürmt. Wie erst muß es Frau Schwalm gehen, die seit 72 Jahren hierher kommt? Jedes Mal, wenn wir uns treffen, fragt sie mich, woher ich komme. Aus Frankfurt. Ihr Vater habe dem Namen Bedeutung verliehen: Francs fort und sie erklärt, er sei Bankier gewesen. Jouve gelesen, eine Woyzek-Variante, die Braut. Nein, gefällt mir nicht, auch die Gedichte sind mir unverständlich, derart fern in ihrer Machart, ihrem Poesieverständis. Ein Satz vielleicht: *Das Unerträgliche, das unsere Gefühle verwirrt, liegt in uns selbst.* Damit kann ich umgehen. Wie war das damals in Paris bei Gallimard, Monique Lange? Nehmen Sie sich der Werke von Bataille, Leiris, Roussel und Jouve an, daraus läßt sich ein französisches Programm machen. Zwei Stunden später ein Besuch bei Thea Sternheim. Wen werden Sie noch besuchen? Jouve, zum Beispiel – er wohnt ein Stockwerk unter mir. Ohne Anmeldung können Sie ihn nicht besuchen. Doch, kann ich. Er wird es nicht akzeptieren. – Ich schelle, die Tür öffnet sich einen Faden breit. Ich stelle mich vor, woher, wohin, auf der Suche nach seinem Werk. Der Spalt wird um weniges breiter, es vergehen etliche Sekunden, dann geht die Tür auf, er bittet mich herein in seinem langen, seidenen Hausmantel, ins Arbeitszimmer. Eine herrschaftliche Wohnung, von der eine Treppe in die darunter liegende Etage führt. Das Arbeitszimmer seiner Frau, einer weidlich bekannten Psychotherapeutin[1]. Und dann reden wir zwei Stunden, er ist glücklich über die Aussicht, daß seine Bücher in deutscher Sprache erscheinen, angefangen mit »Paulina 1880«, diesem legendären Buch. Da wußte ich noch nicht, daß ich's übersetzen werde.

Zurück zu Frau Sternheim, die mich und mein langes Fernbleiben mit keinem Wort beachtete. Es war ihr ganz und gar nicht recht, daß ich sie ins Unrecht gesetzt hatte. Eine Erscheinung aus den Zwanzigern, mit Wangenrot und Sechserlöckchen und immer noch eifersüchtig auf die Freundinnen ihres Mannes. Es geht auf sechs Uhr zu und die Sonne liegt als Silbertuch, als Kettenhemd auf dem See, die Berge stehn im Dunst, der Segelschiffschwarm hat sich aufgelöst in alle Himmelrichtungen hinein.

Du lachst und lachst und hältst sehr zierlich das Zigarillo im üppigen Garten von Schröters. Heute nacht wurden mir zwei Zähne gezogen, das tat gar nicht weh. Ganz anders jedoch der Satz: Schmerzen wären gar nicht so schlimm, wenn sie nicht manchmal so weh täten (Martin Amis). Anderes tut verflucht weh, auch die Städte Singapur oder Bangkok oder Mexiko-City oder, oder. Sie fallen wie Wackersteine in mich hinein, wie beim bösen Wolf, daß ich ersauf.

---

1 Blanche Reverchon.

Schau dir doch bitte diese Abendsonne an, aus purem Gold und auch der Steg quer über den See aus purem Gold. Als ich nach dem Essen heraufkam, gab es ein blinkendes Rotlicht am Apparat: Message. Wie sehr hoffte ich, Du seist es. Es war Hartmut.

Und nun ist sie untergegangen hinter den Bergen, ein Brandmal bleibt zurück. Und ich denke an meinen Vater, der meine Mutter und mich herbei rief, wenn diese Sonne unterging, so flach aufsaß am Horizont, daß es keinen Raum gab zwischen ihr und uns, die wir vor den schönen hohen Fenstern standen. Er liebte die Abendsonne, und wenn wir aus dem Elsaß, den Sommerferien, zurückfuhren im Zug, wir allein im Abteil waren und die Sonne ging unter, sang er und wir mit ihm: Goldne Abendsonne, wie bist du so schön, nie kann ohne Wonne deinen Glanz ich sehn. 65 Jahre mag das her sein, Zeit genug, um viel Welt untergehn zu sehn.

Die Lichter drüben am Ufer flimmern immer noch wie damals zu unseren Zeiten. Wenn ich aufgefordert worden wäre über meine Schulzeit im Dritten Reich zu berichten, woran hätte ich mich erinnert? An Außerschulisches. Ich war so stolz auf meine grüne Sextanermütze, daß ich sie auch zur BDM-Uniform tragen wollte. Die Scharführerin hat sie mir barsch vom Kopf genommen. Mein größter Wunsch war es, den Wimpel tragen zu dürfen, ich weiß nicht einmal mehr, wie er aussah (Runen- und Hakenkreuz). Dann, eines Sonntagmorgens, war es so weit. Wir hatten eine Feierstunde unter der Leitung von Lis Thönissen, sie war die oberste Führerin, alles andere als nordisch anzuschauen, klein (also nur halb so groß wie eine Arierin sein sollte), nur halb so blond und halb so schlank, doch doppelt so ideologisch. Wir standen in Hufeisenform, doch eckig, ich mit meinem Wimpel an prominenter Stelle, die Sommersonne schien uns auf das Gehirn herab, ich hielt mich am Schaft fest, sehr fest, denn ich spürte einen Schwindel im Kopf, das war die Sonnenwärme. Wir sangen: Eh der Fremde dir deine Krone raubt, Deutschland, fallen wir Haupt bei Haupt. Da wurde mir schwarz vor Augen, mitsamt meinem Sonntagswimpel verlor ich das Bewußtsein, wurde abgeführt in ein Zelt, Lis drückte mir eine Flasche Tosca in die Hand und ein Tuch, damit sollte ich meine Schläfen kühlen. Ich wurde nie mehr zur Wimpelträgerin ernannt. Ein anderes Mal, als die ersten Gefallenennachrichten eintrafen, ging die Mär um vom Heldentod meines Vaters. Ich rückte in den Mittelpunkt. Wenn ich ins Klassenzimmer kam, wurde ich bedeutungsvoll angesehen, von den Jungen, den Mädchen, die Nachbarn der Adolf-Hitler-Straße grüßten das Kind respektvoll, wie nie zuvor. Es kam ein Stolz in mir auf, ich, die Tochter eines für Führer, Volk und Vaterland gefallenen Offiziers. Was mir zu schaffen machte, war die Tatsache, daß ich selbst nicht tauglich war für die Einberufung, also für den Heldentod. Die offizielle Nachricht aber blieb aus, also hatte mein Vater seine Todesmeldung überlebt. Er hatte es verdient, denn er gehörte zu jenen, die dem Dritten Reich keine Chance gaben. Ja, er war – er und sein Bruder waren – unverblümt aufsässig, daß ich meine Mutter sagen hörte: Der Tag wird kommen und ihr werdet abgeholt. Im Polenkrieg hatte seine Weigerung, Juden zu erschießen, zur Folge, daß er bewacht zurück ins Reich transportiert wurde, ein Fall fürs Kriegsgericht. Ich weiß nicht, mit wessen Hilfe er davon kam. Doch da war einer, der ihn kannte. Ich erinnere mich an die Karikaturen im »Stürmer«: Juden verschlingen kleine Kinder. Meine Mutter nahm die Zeitung und stopfte sie in den Küchenherd. Es standen die schweren eisernen Bügeleisen darauf. Ida wurde zum Bügeln erwartet. Sie sang: Es war ein Mädchen weiß wie Schnee, das einst spazierenging am Bodensee. Das kommt vom vielen ging gang gingeling am Bodensee. Sie sang Lieder, die mir immer aufs neue zu denken gaben. Seit meiner Geburt war sie bei uns. Irgendwann tauchte ein Motorradfahrer auf, danach war sie schwanger, verließ uns, zog in einen windschiefen Bungalow, wo ich sie besuchte, da war die Stube schon voll kleiner Kinder. Ida sang nicht mehr, sie bügelte auch nicht mehr. Ich habe nichts mehr von ihr gesehen und gehört nach dem Krieg.

Es ist Dienstagmittag vorbei, gleich zwei. Zwei Stunden im Park, ein Schwatz mit Frau Baum, ein Zuschauen bei den sportiven jungen Leuten, Wasserski, Banana etc. Frau Brenninkmeier erinnert an Elfi Hassbach. Ich bin zerschlagen von der Nacht und den nächtlichen Zahnschmerzen bis um drei. Ich habe mir statt zu schlafen einen Ausweg überlegt: Ich lasse hier alles stehn und liegen, fahre nach Frankfurt zurück, geh zu Dr. Stromeyer, nach der Prozedur fahre ich zurück. Dieser Weg bleibt mir immer noch offen, sollte es so weitergehen.

Ich habe vergessen, den Schreibtisch von Jouve zu beschreiben, vor dem ich zwei Stunden saß. Eine weite, spiegelglatte Fläche vor ihm, diesem Streichholzmännchen, ein großes unbeschriebenes, also weißes Blatt, daneben ein fingerlanger goldener, sehr dünner Stift. Die Beschreibung ist zu Ende. Doch die Aussicht, Romy Schneider werde in der Verfilmung seiner Paulina die Hauptrolle spielen, verzückte ihn. Mit Georges Bataille verabredeten wir uns ein nächstes Mal in Paris, ebenso mit Michel Leiris. Raymond Roussel, der Urvater des nouveau roman, hatte in Nizza Selbstmord begangen. Faszinierend die Geschichte von den ausverkauften Theatern, und er saß als einziger dort, er hatte alle Plätze gekauft. Und wenn er im Souterrain saß und schrieb, zog er vorher die Vorhänge zu, weil er wußte, daß das, was er schrieb, derart helle Strahlen verursachte, daß die Vorübergehenden geblendet würden. Michel Leiris traf ich in seinem Musée de l'homme[1], im Souterrain, inmitten der afrikanischen Utensilien; Bataille in Deux Magots[2].

Es ist schön im Wasser, wenn ein Gewitter vorüber rollt, ohne Blitz, wenn die beiden Sturmleuchten auf- und abblinken. Diese Lichter gehören zum Thunersee, ohne diese

---

1 Museum für Vorgeschichte und Anthropologie in Paris.
2 Café in Saint-Germain-des-Prés, Paris.

Leuchten werden die Ferien nicht hell. Was rede ich für einen Unsinn, es geht schließlich um anderes, ganz anderes.

Das Zimmer links neben mir steht leer, für dich reserviert. Wenn nun aber niemand da ist und die Sturmlichter fangen an, auf- und abzublinken und du hast niemanden, dem du das sagen kannst, sieh doch, die Sturmlichter fangen an auf- und abzublinken – was machst du dann? Ich weiß es nicht. (Nach dem Essen: die Sturmlichter sind immer noch da). Und wir haben telefoniert, du hast angerufen, wir haben uns verabredet für morgen um 10 Uhr. Und heute abend seid ihr bei Rolando. Und morgen geht es Richtung Rast. Und dann und dann und so weiter. Vor dem Gewitter war es wunderbar warm, seidenweich war die Luft, nun ist die Kühle wieder hereingebrochen. Manuela bringt mir ein Kännchen kochendes Wasser für den Schlaftee. Wem nur sage ich, daß ich schlafen möchte. Ich weiß es nicht. Die Abendsonne ist wieder aus Gold, sie spiegelt sich in meinem Spiegel neben der Maschine. Und gestern nacht der Mond so rund, wie mit dem Zirkel geschlagen und Sterne gab's dazu und – wie schon gesagt – Zahnschmerzen.

Mittwoch, 28. Juli: Du wolltest zurückrufen und nun ist immerzu besetzt. Es muß doch ein Mittel geben, diese Anrufer abzuschütteln. Ich fürchte, du hast den Hörer neben den Apparat gelegt. Ich möchte jetzt den Pilgerweg gehen, wie lange, glaubst du, soll ich noch warten?

Heute, **Donnerstag, 30. Juli:** Telefongespräch, du im Wagen nach Überlingen, der nun weltbekannten Stadt. Vor allem möchte ich nach Schwackenreute, nach Kreenheinstetten[1] vielleicht auch. Ich fürchte um den morgigen Tag. Wenn du die Post aus Frankfurt abwarten mußt, wirst du auch reagieren müssen, und wenn du reagierst, werden die Stunden vergehen, nicht nur in Rast, auch in Merligen, also auf der ganzen Welt. Und dann warnst du mich altklug, den Tag nicht gering zu schätzen. Wenn das so weiter geht, muß ich feststellen, daß dir Büchner nicht bekommt.

Diese Seite war schon einmal vorhanden, sie hatte angefangen mit einem Datum (30. Juli). Dann folgte: ach, neinneinneinnein. Und jetzt ist die Seite unauffindbar.

Heute, **Samstag, 7. August:** Frau Hopf[2] wirkt noch in der Küche, das angekündigte Gewitter bereitet sich langatmig vor. Beschwichtigend bewegt sich die Kastanie.

Heute morgen hat D. angerufen, die Besprechung in der FAZ hat ihn verleitet, ich habe die Zeitung heraufgeholt, gelesen, angerufen, nun, wir haben es mit einer ›kritischen Betrachtung‹ zu tun, was den ersten Teil betrifft, das aber stimmt nicht, auch der erste Teil ist durchsetzt mit jenen

---

1 Zwei Arnold-Stadler-Orte. In seiner Büchner-Preisrede heißt es: »Auch in Schwackenreute bin ich auf der Welt... Diese Menschen von Schwackenreute, Kreenheinstetten und aus dem Hotzenwald lasse ich ›ich‹ sagen. Das ist mein Erbarmen mit ihnen.«
2 Hilfe im Haushalt.

sehnsuchtsvollen Helden, die die Titanen der Schüchternheit ausmachen. Derart abwiegen kann man es nicht. Und unerlaubt D.s Reaktion, kein Buch mehr schreiben zu wollen, auch wenn nichts verständlicher ist als diese Drohung, die aber kurz und klein gemacht wird. Ich habe eben den Hubert Spiegel noch einmal gelesen und auch den Schluß des Buches und habe deine Nummer angerufen, um dir zu versichern, daß es keinen Grund gibt. Auch wenn Spiegel sich ermuntert fühlt, über die Schüchternheit zu philosophieren, wiewohl ihm das gar nicht zusteht. Zwei wundergroße Sätze strafen ihn lügen: *Gleich hinter dem Kreenheinstetter Wäldchen staunten wir über die Größe der Welt.* Und: *Diese Weite schüchterte uns ein, daher sangen wir uns Mut zu.*

21 Uhr. Nachdem Frau Hopf fort war, habe ich mich hingelegt, nach dem Dokumentarfilm über Stummelaffen habe ich den abendlichen Weg kreuz und quer durchs Karree gemacht. Ich denke, du hast meinen Anruf nicht mehr wahrgenommen und jetzt ist Zürich an der Reihe. Ich denke auch, ich bin nicht die einzige, die dich beruhigt hat. Ich habe auch gedacht, ich sollte dir den Satz auf Seite 235 zitieren: *Ich habe immer wieder versucht, mit ihr über alles zu reden, über sie und mich, von ihr und mir.* Wie es ihm damals ging, so ergeht es mir heute. Bist du nie auf den Gedanken gekommen?

Am Dienstagabend war ich wieder hier zu Hause. Am Mittag etliche Stunden im Verlag. Unter anderem Burgels

Frage, ob ich das Neueste gehört hätte? Volhard habe eine neue Frau, Petra Roth, ich winkte ab. Gisela Stockburger meinte abends: zu vermuten sei, daß man sich gern mit einer Oberbürgermeisterin schmückt. Eine gute Erklärung. Ich habe auch versucht, im Verlag die Korrespondenz mit Handke nachzuschlagen, mit Eich und Celan. Da war aber nichts mehr. Es könnte schließlich sein, daß es um Spurentilgung geht. Während unseres Besuchs in Trarego[1], während eines lebhaften Gesprächs am Abend, als ich einmal mehr begriff, warum sich Unseld nicht definitiv um D. bemüht hat[2], erklärte mir Karin[3] – und ich nehme an, daß es keine Erfindung, sondern nichts als die Wahrheit ist – Unseld lasse den Verlag eher zugrunde gehen, als von mir eine Empfehlung anzunehmen, ich müßte 25 sein, doch nicht so. Ich halte diese Einstellung für glaubwürdig, lassen wir es gut sein.

Was bitte war in den Tagen nach: Mittwoch, Donnerstag, Freitag. Wie kann ich's wissen, war ich dabei? Der Verlag spendiert mir eine neue Schreibmaschine, auf der schreibe ich hier. Sie ist ungelenk, verglichen mit meiner Olivetti,

---

1 Trarego Viggiona, Ort im Tessin oberhalb des Lago Maggiore.
2 Hier irrt Elisabeth Borchers: Siegfried Unseld ließ Arnold Stadler wissen, dass er im Suhrkamp Verlag willkommen sei – aber das Angebot, das Gottfried Honnefelder, der ehemalige Unseld-»Kronprinz«, der nun den DuMont Verlag leitete, dem Autor machte, war deutlich besser und dem Rang Stadlers angemessener. So erschien der »Hinreissende Schrotthändler« bei DuMont und nicht bei Suhrkamp.
3 Karin Volhard.

aber immerhin ein Geschenk. Ich habe versucht, zum Thema Verfolgung und Exil einen Text zu schreiben.

Habe eben eine der Fortsetzungen aus »Mein Leben« von MRR gelesen, die Erinnerungen an Kästner. Ich habe ihn auch kennengelernt. Er gehörte zu jenen Autoren, die ich an die Ulmer Volkshochschule, dieses damals neue prominente Bildungsunternehmen, einladen durfte. Wir saßen in einem Lokal, Inge Aicher-Scholl, er und ich. Ein Buch hatte ich nicht, das er mir hätte signieren können. Gern hätte ich zwei Bücher gekauft, um sie für Ralf und Uwe signieren zu lassen. Das Geld war allzu knapp. Ich riß zwei leere Seiten aus dem Taschennotizbuch und schob sie ihm hin. Er signierte und schob sie zurück. Freundlich, sehr freundlich, dieses aufgedunsene Gesicht, mit den vor lauter Gedunsenheit klein gewordenen Augen. Mehr weiß ich nicht mehr. Marcels Erzählweise ist unbeholfen, unliterarisch, unelegant, ich kenne ihn auch anders. Merkwürdig.

Am vergangenen Dienstag hat mich D. in Konstanz zum Zug gebracht. Ich mag die IR-Züge nicht, in Erinnerung an eine trostlose, schmerzvolle Fahrt von Freiburg nach Frankfurt. Dieses Mal hatte ich mit dem Umbruchlesen von »Ich war einmal«[1] zu tun, vier Stunden, von Konstanz bis Heidelberg. Im Gang hing ein Plakat: »Wer das Alte ganz wegwirft, wird das Neue nicht lange behalten.« Die

---

[1] Roman von Arnold Stadler. 1989 als Hardcover bei Residenz, 1999 bei Suhrkamp als Taschenbuch.

Eisenbahnwerbeleitung (oder ähnlich). Man stelle sich vor, halb weggeworfen soll unsereins weiterexistieren.

Habe ich gesagt, daß heute Sonntag ist, die Regennacht hat Kühle gebracht. Wo bist du?

Folgendes noch: Neben der Besprechung zu deinem Buch die Besprechung des neuen Romans von Norbert Gstrein: »Die englischen Jahre«. Da steht etwas Halsbrecherisches: Seine Figuren lassen einen auf seltsame Weise kalt. Sogar Jakob aus der Erzählung »Einer« konnte einen nur interessieren, aber nicht bewegen. Wie ganz anders geht es da doch in deinen Büchern zu, ein Hauch von dir und schon steckt man in der Person, mit Haut und Haar. Fast neidvoll hattest du mich auf die Behauptung hingewiesen, dieser Roman zähle zu den interessantesten Büchern der deutschsprachigen Literatur der letzten Jahre – und ohne gelesen zu haben sagte ich dir, was kümmern mich interessante Bücher. Ich möchte bewegt werden, möchte, daß mir das Herz bricht oder geheilt wird. Und wenn ich schon lese: ein Jude aus Österreich – aber nein, nein, was weiß denn Gstrein von Krieg und Gefangenschaft? Das jüdische Thema aber ist so geläufig, daß sich wohl der ganze Aufwand lohnt.

Dienstag, 10. August, 10.30 Uhr: Sonne fällt schräg durch gräuliche Wolken. Christie hat zu bis zum 16. Es ist also lang, bis das Bild zurückkommt. Der Versuch, es zu sehen, scheitert jedes Mal an seinem Nichtvorhandensein.

Nach anderthalb Jahren mit Janisch telefoniert. Die Buchempfehlung »Feuerland« wurde gesendet, Honorar bleibt aus, nicht inbegriffen. Dafür wurde das Buch lebhaft zur Kenntnis genommen. Dr. Potthoff ist bis Montag in Urlaub, sie sollen mir On Kawara zurückgeben.

Gestern war Stefan Bott drei Stunden da. Das Gespräch, eine Fortsetzung der Gespräche, die er mit Claus geführt hat, zu erörternde Probleme, Schwierigkeiten mit Frau, Beruf, den Eltern. Das Bild von einem Jungen, 43 Jahre. Der Mensch wird nicht nur älter, er bleibt auch länger jung. Claus' Hinterlassenschaft. Echter als On Kawara. Ich habe die Zeitung geholt, die Post dazu, immer auf der Lauer einer grundlegenden Überraschung. Sie bleibt aus. Was mache ich mit dem Heimatbeweis, folge ich Sibylla[1] durch die Streichung der Einleitung oder nicht? Wieso hat die Tastatur keinen Apostroph?

Gestern zweimal mit D. telefoniert. Eben Anruf von Baldauf, Deutschland-Radio Berlin, bittet um den Umbruch »Ich war einmal«. Soll er haben. Am 21. 10. eine Ein-Stunden-Sendung. Am Paulskirchenabend. Ralf wird aufnehmen müssen.

Dienstagabend, 8 Uhr vorbei: Ein Handygespräch nach Uttas Anruf aus der Schweiz. Anruf von Uwe, ein Schatz, was nicht von allen zu sagen ist. Die Welt scheint Kopf zu

---

[1] Sibylla Schubert, Ehefrau von Ralf Borchers.

stehen in Erwartung der 2-Minuten-Sonnenfinsternis[1], der Weltuntergang würde vermutlich ein wenig länger dauern, es sei denn, es tut sich ein Schlund auf, der imstande ist, alles zu schlucken.

Mittwoch, 11. August[2]: Ich war eben zu einem Kleineinkauf bei Tengelmann. Außer mir noch zwei Personen, alles mäuschenstill, die Verkäuferinnen schoben mit gesenktem Kopf die Warenpäckchen ins Regal, nein, sie blickten nicht auf, keinerlei Kundenfreundlichkeit. Ein schwerer Tag, der Tag des Untergangs. Es ist viertel vor zwölf. Jetzt fällt mir auf, auch auf der Straße ist nichts zu hören, keine Leute, keine Autos, sie bereiten sich auf das Himmelsspektakel vor. Ich habe eine Flasche Essigessenz gekauft. Nicht ›Für die gute Küche‹, sondern als Reinigungsmittel. Der Himmel hat die Vorhänge zugezogen, ein ganz klein wenig Regen, das wär's.

Heute morgen Anruf von Hartmut, wir haben die Samstagsbesprechung beredet. Die Kraft der Personen, die bewegen. Er verwies auf die ersten Seiten von »Feuerland«[3]. Ich habe sie sofort noch einmal gelesen. Das ist wahr, wenn irgendwo die Welt untergeht, dann dort. Ein Schmerzlehrbuch für Anfänger und sehr weit Fortgeschrittene. Schon damals, beim ersten Lesen, hatte ich das Gefühl, auf die Gleise zu müssen, weil das alles nicht auszuhalten

---

1 Totale Sonnenfinsternis am 11.8.1999.
2 Der 11.8.1999 war ein Dienstag, nicht ein Mittwoch.
3 Roman von Arnold Stadler.

ist, diese Sätze. Ich möchte jedem Satz ein Denkmal setzen, möchte Shakespeare sein oder – was bleibt da schon. Wenn ich mit dieser Hilfe ganz weit hineinreiche, wenn ich mich als Schmerzlandschaft verstehen muß und kein Entrinnen, dann frage ich mich manchmal, ob es leichter gewesen wäre ohne diese Begegnung, besser: Erfahrung.

Zumindest in Stuttgart ist alles vorbei. Ich habe versucht, dich anzurufen, denn wenn mich nicht alles trügt, sollte doch die Totale mit dem Untergang zusammenfallen. Nun denn, noch einmal davon gekommen. Frankfurt scheint von der Dunkelheit verschont zu bleiben, ja, hier machen die Wolken jetzt ein wenig der Bläue Platz. Und Aberhunderttausende machen sich jetzt wieder auf den Weg nach Hause.

Gestern in der FAZ ein Bild von Hohler »Absturz IV«, der gehörte zu Claus' Lieblingsmalern. Ich grüße dich.

Als es in Stuttgart immer dunkler wurde (hoffentlich stimmt's), kam der Päckchenausträger und brachte »Meine deutschen Gedichte«. Eine Sammlung von Hartmut von Hentig mit der brieflichen Bitte um Besprechung. Welch ein Buch! Und es kam die Einladung nach Bergen-Enkheim zum nächsten Stadtschreiberfest[1]. Wieder eine Einladung, in den Schmerztümpel zu tauchen. Es kann doch

---

[1] Jährliches Fest zur Verabschiedung des bisherigen und zur Begrüßung des neuen Stadtschreibers.

bitte nicht wahr sein, daß diese herrliche Zeit der Erwartungen vorbei ist. Ich habe Petra angerufen, ob es bei ihnen schon dunkel geworden sei, ein Hauch von Dunkelheit. Das ganze bitte noch einmal.

Friederike schickt mir das Manuskript der nächsten Magischen Blätter. Der Titel ist meine Erfindung für diese Art der Aufzeichnungen. Auch in Gedanken daran, daß später einmal alle Blätter in einen Band zusammengefaßt werden. Im Manuskript ein Blatt für Siegfried Unseld: Nachdem ich von Luchterhand zu Suhrkamp gewechselt war und dort ein neues Manuskript eingereicht hatte, erfuhr ich bald darauf, es war im Frühling 75, daß es angenommen sei. Ich ging die Wiener Lerchenfelderstraße wie schwebend aufwärts, alles war gewonnen. Er ist unser aller Gedankengeburtshelfer, der uns rettet und vor dem Verstummen bewahrt, indem er druckt, was wir schreiben. ... Ja, doch, das ist sein Wahlspruch; auf den Verleger kommt es an. Wenn F. M. wüßte, wie mühselig es war, ihm die Mayröcker-Notwendigkeit einzugeben, jedes Mal aufs neue. Sie kann es nicht wissen, sollte es aber ahnen. Dergleichen einschmeichelnde Bekenntnisse (Gedankengeburtshelfer) sind Talmi, der Maulhonig, mit dessen Süße man rechnet. Ach, Friederike!

Ich habe nicht Lindau, nicht Rast, nicht Überlingen kommentiert. Und doch habe ich es getan. Während ich von Konstanz bis Heidelberg den Umbruch las, habe ich unausgesetzt rekapituliert, kommentiert, als läge mir die

Schreibmaschine auf den Knien, als flöge mir der Bleistift über die Seiten, alles neu gesehen und mich gefragt und gefragt. Dieses Bestehen auf Rast, ein Phantom, das sich mir zeigen mußte, wer weiß denn schon. Ich bin durch die Räume gegangen, die da waren, über die grüne Wiese, die Wege, die Treppen, habe an den Mauern hoch gesehen, die Fenster. Wir haben auch das Grundstück besichtigt, dieser Blick, weltweit. Habe an den Bäumen hoch gesehen, all überall dein Blickfeld. Bis endlich die Sonne kam und ich mich wärmen konnte gegen die Hauskühle, die mir noch aus Nachkriegszeiten in den Gliedern sitzt.

13. August 1999: Ich werde nicht warm, ja es scheint, als würde ich immer noch kälter. Heute am 13. August. Wie war das früher schwierig mit unseren Geburtstagen, von den ganz großen einmal abgesehen. So viel um den Kopf und im Kopf, daß Claus einfach nicht zu einer Entscheidung kam: mit Freunden, Kollegen, der Familie oder zu Hause verbarrikadieren. In diesen Unentschlossenheiten und Notlagen sind wir ins Elsaß gefahren, die Kapuze überm Kopf und auf und weg. Ich erinnere mich vor allem an zwei Ereignisse: am Hanauer Weiher[1], leichter Regen, herbstliche Stimmung, Frühherbst, Sommerende, aus und vorbei. In Regenmänteln, die Hände tief in den Taschen, bedrückt, wie zu einem langen Abschied, doch nicht bereit, gezwungener Maßen bereit, Waldgeruch, ein paar verspätete Camper, noch ein paar kleine Feuer, dünner Rauch,

---

1 See in den nördlichen Vogesen (Lothringen).

Wolljacken auf ungemütlich gewordenen Klappstühlen. So zogen wir dahin, rund um den See, der mich aus frühester Kindheit kennt, allmählich heranwachsend. Gestern habe ich Rosen aufs Grab gebracht und ein wenig mit Vater, Mutter, Claus geredet und die vom Regen abgefallenen Blüten eingesammelt. Und mich beschwert, daß es so und nicht anders ist. Mein Vater hätte die Hundert überschritten, meine Mutter stünde kurz davor, Claus 59. Habe ich ein längst vergessenes Kreuzzeichen gemacht? Wie hat D. geschrieben am offenen Grab von Liesl: Gute Nacht. Mir kommen die Tränen, »wer weint, hat recht« (D.). Wie recht er hat. Es ist die Beglaubigung, der Fingerabdruck, oder besser: der Seelenabdruck.

Ein eigenartiges Gliedergefühl, wie am 11. Ralf habe ich gestanden, daß ich sehr wohl ein leichtes Dunkelwerden gespürt habe, auch eine merkwürdige Unsicherheit in den Beinen. Ihm sei's genau so ergangen. Auf mein Erstaunsein: Wenn der Mondmagnetismus Ozeane anheben kann, warum dann nicht auch menschliche Glieder. Ich komme eben vom gemeinsamen Mittagessen mit Gisela und Albrecht, auch als Vorbereitung zu Bayreuth. D. in Baden-Baden, ein Film entsteht, ein Personen-/Autorenfilm.

Marcels 10. Fortsetzung zu Rilkes »Cornet«. Diese Erinnerung ist schon geschrieben, ich sollte sie hier einfügen. Eine Ungeheuerlichkeit, so etwas zu sagen, so ungeheuerlich wie: Ja, ich war doch schon einmal in der Birnau (muß also nicht noch einmal dorthin). Wie entrüstet du warst!

Ich habe aus ganz bestimmten Gründen noch einmal »Mein Hund ...« zu lesen begonnen. Ich setze mich wieder mit Schwackenreute auseinander und erinnere mich wieder (ist ja nur ein kurzes Stück zurück) an die Fahrt von Schachen nach Rast. Obwohl kaum eine Wolke am Himmel war, fiel ich aus allen heraus, denn es ging vorbei an den Namen meiner Vergangenheit: nicht nur Wasserburg und Nonnenhorn, auch Oberhofen, wo ich kurz vor der Niederkunft betteln ging, Dezember 46, wollte einen dicken Flanell-Männerschlafanzug gegen Honig tauschen. Ich träumte jede Nacht von etwas so Kostbarem aus meiner Kinderzeit: elsässisches großlöchriges Weißbrot, Butter und Honig mit hellem Milchkaffee. Wie der Honig durchtropfte, er floß. Das einzige, was mir der Bauer gab, war eine Tasche voll Walnüsse. Aber was fängt der Mensch mit Walnüssen an, wenn er Honig und nichts als Honig wünscht, den Tag und die Nacht. Es war ein bitterkalter Dezembertag, mein Bauch mit Ralf wog schwer und mühsam, was tut ein Mensch in solchen Enttäuschungslagen? Er weint, recht hat er und kommt mit verweinten Augen zu Hause an, vorbei am Weingartshof, wo sie uns im Gasthof zur Traube um mindestens 6 Stück Hochzeitskuchen betrogen haben. Und vorbei an Weißenau mit den schönen Kirchtürmen und vorbei an Ravensburg, hinauf ins Hinterland, immer weiter bis Rast und dann war es da, existierte wirklich, hatte nichts Unwirkliches an sich, war voller Blumen, das Anwesen. Inzwischen ist Herbst geworden. Der letzte Satz, den ich unterstrichen habe (S. 26): *Sie ging nur in den Stall und bis zum Stalltürchen in die Welt.* – Solche Sätze sind Lebensgepäck.

14. August: Bubis tot, das ist ungeheuerlich, wie denn das? Hinterrücks, eine Weltnachricht, das hat er verdient, mon dieu. Ich erinnere das erste Mal, als ich ihn sah und zutiefst erschrak. Zu einer Lesung von Kaminski im Hause Unseld.[1] Er saß wie vom Berg gerutscht (ein Erdrutsch) in einem Sessel neben seiner Frau Ida, das Gebiß verschob sich ständig, es schwebte, vor allem wenn er lachte, und das mußte man bei Kaminski: »Nächstes Jahr in Jerusalem« (ein Titel, den ich geliefert habe, als kein Titel zu finden war. Die Eitelkeit möge man mir verzeihen, doch ich bin stolz auf diese und andere Kleinigkeiten). Das Fernsehen tut, was es kann, immer wieder läßt es Gespräche, Reden mit ihm hören und sehen. Er ist derart lebendig, daß ich auf ihn zugehen möchte, wie bisweilen, um ihm zu sagen, daß er bewundernswert sei. Und dann plötzlich, mitten in einen unbescholtenen Tag hinein die Nachricht, daß er nach Israel auswandere, um dort beerdigt zu werden als einer, der es in Deutschland ausgehalten hat.

Sonntag, 15. August: In einer Woche um diese Zeit sind auch die Feste Bayreuth und Petras Geburtstag vorüber. Ein Riesenmaul, das einmal zuschnappt und weg sind Stunden, Tage, Menschen.

---

[1] Der Schweizer Schriftsteller André Kaminski las 1986 zweimal in Frankfurt: öffentlich in einer Buchhandlung und privat im Haus des Verlegers.

D. war gestern da und hat mir das Feriengepäck gebracht, noch habe ich es nicht ausgepackt. Gelesen aber habe ich Psalm 113 und den nächsten: *Die Berge hüpfen wie Lämmer, die Hügel wie die jungen Schafe.* Das ist Phantasie, hier wird vollzogen, was nicht sein kann.

Wir waren bei »Marietto«[1], dort saß auch die Familie Renzo, wir begrüßten einander, als seien wir der Mafia zugehörig. Das schönste Gespräch ist D.s Erfolg.

11 Uhr vorbei. Mein Blick fiel auf die Notiz 3Sat, die Sendung, die vor einer halben Stunde schon begonnen hatte. Es traten auf Hieber und Kübler, um sich an Markus Werner auf- und abzureagieren. Hieber ahmt zwar MRR nach, ihm fehlt aber die Ausstrahlung, diese auf Biegen und Brechen positiv wirkende Ausstrahlung. Die Aufnahmen seines Gesichts waren geradezu fatal, diese falschen Augenblicke, dies Schwammige seines Gesichts, ein Inbegriff von Falschheit, Verschlagenheit, Nichtüberzeugung. Daß du Markus Werner gelobt hast, nachdrücklich gelobt hast, die Sprache (auch die Freundschaft?) ist zwar ehrenwert, doch bitte Vorsicht, nicht weil du den Schaden, den Hieber angerichtet hat, wieder gutmachen könntest, doch wenn ein Buch durch den Kritikerspiegel so wenig wie seines, dann sollte man nicht über den Umweg deines Urteils den Weg neu aufnehmen wollen. Noch nie ist mir derart bewußt geworden, daß ein Kritiker nicht nur mit seinem Urteil

---

1 Restaurant im Frankfurter Westend.

einem Buch schaden kann. Winkels, wie du sagst, ist angenehm, ja, und ein vortrefflicher Partner für dein Buch. Und die Behauptung, Schwackenreute sei exotischer als New York ist so grotesk wie wahr. (Ich verstehe gar nicht, warum du nicht zurückrufst, bist du gar nicht zu Hause?).

Das Balkonfenster steht auf, die Helligkeit und Wärme der Sonne ist unwahr; wenn ich mir die erste Verfärbung der Kastanie ansehe, dann wissen wir doch, was los ist. Inzwischen habe ich das Gepäck ausgepackt. Ganz Merligen, Bad Schachen, Rast, Überlingen hängt hier herum und versucht, wieder heimisch zu werden. Als D. feststellte, der Umfang genüge, dachte ich: wie vieles habe ich noch nicht gesagt. Zum Beispiel der Besuch bei Madame Bataille (gibt es sie noch?) – als wir dort waren nach dem Tod ihres Mannes, Franz Schonauer und ich. Die Adresse hatten wir, fuhren mit dem Taxi vor, finsteres Viertel, Hinterhof, wo es noch finsterer wurde. Pfützen, geschwärzte Gemäuer, drei, vier bröckelnde Treppenstufen hinauf, vor einer Tür, hinter der sich ein Armenasyl verbirgt. Wir schellen, sie öffnet und auf geht ein Licht, das vom Mediterranée importiert zu sein scheint, türkisblau, so strahlend, ganz laut, man wundert sich, daß nichts zu hören ist, ein hallenähnlicher Raum, an der einen Breitseite eine eingebaute Küche, im Vorraum weiße Ledermöbel, wir trinken, essen alles mögliche, schlagen Bücher auf und zu, reden, staunen, hören, kommentieren. Sie erzählt die Geschichte von »Madame Edwarda«: G. B., Michel Leiris und Pauline Reage beschlossen, jeder für sich, als Wettstreit ein extrem gewagtes Buch zu schreiben. Bataille schrieb »Madame Edwarda«, Leiris »L'Histoire de l'oeil« und Reage »Madame O.« (?) Ich habe meine Schwierigkeiten mit dem Dritten im Bunde. Als wir uns über den Beginn von »L'Histoire de l'oeil« hermachten, erschraken wir über das Extreme, ja, Franz lachte ungeniert laut und anzüglich hoho hoho, daß ich ihm einen Stoß versetzte. »Madame Edwarda« steht als einziges noch in grünem Samt im Regal. Stunden später verließen wir die Lichtüberflutung. Ich hätte mir gewünscht, diese Diskrepanz zwischen Höhlenfinsternis und Mittelmeerlicht anschaulicher beschreiben zu können, es war wirklich ein Himmelaufreißen. Und dann dachte ich mit Schrecken daran, daß ich die Geschichte von Onkel Hubert noch nicht erzählt habe, diese Wahnsinnsgeschichte als Nachkriegsgeschichte vom 1. Weltkrieg.

Er kam aus der Türkei und hatte den Waschzwang. Jeder Besuch war ihm Anlaß, anschließend im Bad zu verschwinden, um sich von Kopf bis Fuß mit Seifenschaum einzuschäumen. Es war Tyrannei. Und wenn ein Besuch an der Tür oder Treppe versuchte, noch einmal zurückzukehren, weil er glaubte, etwas vergessen zu haben, wurde er laut und hieß ihn gehen. Für mich als Kind war es jedes Mal ein Abenteuer, ihn verschwinden zu sehen, das Wasserrauschen zu hören, das Prusten und Schnauben, er seifte auch die Nasenlöcher ein, um nach einer Weile strahlend gereinigt herauszukommen.

Sonntag, 29. August: Gestern abend aus Homberg zurück, der sogenannten Vaterstadt. Das stimmt, mit meiner Mutter hat dieser Ort nichts zu tun. Seit dem letzten Eintrag ist fast ein halber Monat vergangen, es wird nicht leicht sein, aufzuholen. Was hatte ich erwartet? Welche Erkenntnis sollte mir dieses Wiedersehn einbringen? Ein Abschluß, noch einmal und dann nie wieder. Dieses Niewieder geht so weit, daß ich überzeugt bin, mein Vater wollte lieber sterben, also dorthin zurück. So viel gesehen, so viel Welt und Leid, daß man sich unmöglich mit diesen Kleinheiten aufs neue anfreunden kann. Ich habe meine Stätten wiedergesehen, das zur Hälfte durch Bomben zerstörte Haus, das wieder aufgebaut worden ist. Wie dürftig, ich hatte nicht das Bedürfnis, den Fuß ins Treppenhaus zu setzen, mich wie damals mit Max Josef auf eine Treppenstufe zu setzen, wir haben Glanzbilder gegen Murmeln getauscht und umgekehrt. Wenn wir nicht Rollschuhlaufen gegangen sind. Richtig, ich habe gar nicht nach unserem Rollschuhweg geschaut. Aber nach der Adolf-Hitler-Linde, die es nicht mehr gibt, getilgt wie so manches, der Adolf-Hitler-Park heißt jetzt Goethe-Park. Die Schneebeerenbüsche gibt es immer noch. Immer wenn Max Josef nicht herunter kommen konnte, pflückte ich eine Handvoll Schneebeeren, wenn es die Jahreszeit erlaubte, dann zertrat ich sie, daß es knallte. Ein weiches, befriedigendes Geräusch. Ich habe die Namensschilder gelesen, nicht ein Name, der mich an mich erinnert. Der große Park gleich gegenüber ist geblieben und führt nach wie vor zu den Tennisplätzen. Die Straßenbahnschienen sind verschwunden, die Station

Gleisdreieck ist noch auszumachen. Das Büdchen, wo es Studentenfutter gab, ist verschwunden. Friedchen Bongartz ist im vergangenen Jahr gestorben, Günter Grewen schon vor mehreren Jahren. Ich bin um den Häuserblock herum zur Rheinstraße hin, dort war das Stoffgeschäft Goldschmidt. Vom Küchenbalkon aus war damals das Geschrei zu hören: die Scheiben zersprungen, die Kinder hatten die Stoffballen herausgeholt und spielten Hochzeit mit nicht endenden Schleppen. Ich wollte hin, mein Vater verbot es. Ich war in der Kirche der Kommunion. Die Heiligen, die ich überlebensgroß in Erinnerung hatte, sind so hoch wie der Unterarm lang ist. Darüber hinaus Kunstgewerbekitsch. Der dumpfe Geruch hat den Krieg überlebt, die Beichtstühle, nach denen ich mich nicht umgeschaut hatte, sind geblieben wie bisher. Das Gymnasium mit dem zähneknirschenden Leitspruch (Leidspruch?) im Halbrund über dem Tor »Eifriges Ringen führt zum Gelingen« ist geblieben, der ganze Komplex cremefarben gestrichen, zu meiner Zeit in schwerem Betongrau. Kein Kind war zu sehen, kein Laut zu hören. Dann die Friedhöfe mit den getilgten Gräbern, der Parkfriedhof mit den noch existierenden Gräbern, Tante Käte führte uns hierhin und dorthin, verwies auf Büsche und Bäume, dort müsse das Grab meiner an TB gestorbenen 33jährigen Großmutter und ihrer Schwester gelegen haben. Ich weiß von Fotos, daß sie groß, schlank und schön war. Auf dem Weg dorthin kamen wir am xxxPlatz vorbei, auf dem sich die Kirmes abspielte und zu Füßen des Hauses, in dem Hubert und Maria wohnten, stand ein Bonbonverkäufer, der zur Verzweiflung aller von morgens bis abends den Spruch brüllte: Lululutschbonbon, Pfefferminz 1a, alle Affen, die da gaffen, sagen mtata. Hubert zog zur Kirmes aus, sein Schlafzimmer ging zur Straße hin.

Die letzte Eintragung am 29. August. Heute ist der 2. Weihnachtstag. Die rote Kerze in der Mitte des kleinen Kranzes, den Claus so viele Male noch erlebt hat. Rechts der üppig vergoldete Tannenzapfen und dahinter die regennassen Fensterscheiben. Ich wundere mich, daß ich das Tippen nicht verlernt habe. Was alles ist geschehn. Am 23. Dezember war es so kalt, daß ich um Mitternacht noch nicht wieder warm war von meinen Gängen durch die Stadt. Und auch heute, drei Tage später, habe ich die Kälte noch in mir. Aber krank bin ich nicht geworden.

Was alles ist in den Monaten geschehen: Bayreuth mit Gisela und Albrecht[1], Petras 40. Geburtstag, das neue Stadtschreiberfest, zur Geburtstagsfeier nach Zürich, am nächsten Morgen Flug nach Köln zur Buchpräsentation. Dann 100 Jahre Insel, Cadenabbia, Pirmasens und Judith Hermann. Am 20. September, Montag, der Unfall (Arm- und Handgelenkbrüche) und drei Stunden Stromeyer, dann bis 24.10. im Maingau-Krankenhaus.

---

1 Besuch des »Parzival« – gemeinsam mit Arnold Stadler, Gisela und Albrecht Stockburger.

Unseld-Empfang im Kaisersaal, Paulskirchen-Lesung mit D. Samstag, 23. Büchnerpreis, mich überkommt erneut die Kälte. Am anderen Tag Essen in Kranichstein. Lesung im Weißen Haus, D-Lesung in Heidelberg, Salomon Korn, Lesung mit Bender im KZ, Mainz, Literarisches Quartett (!!), Inge, Bücherkoffer, vom 25.-28. 11. Wien mit D. und Jutta[1], mit David in der Alten Oper: Candide/Voltaire, Besichtigung des Häuschens in Bergen.

Montag, 27. Dezember: Ich erreiche D. nicht, er liegt im Bett. All die Wochen und Monate habe ich hier weitergeschrieben, es strömte nur so, wes das Herz voll ist, und nun steht die Maschine endlich wieder auf dem Tisch und alles, so scheint es, ist erstarrt. Zumindest schwerfällig, sucht nach Ausdrucksmöglichkeiten. Ich lese »Die Glut«[2], ein Geschenk von Hartmut, er habe das Buch in einer Nacht gelesen. Die Herrschaften vom Literarischen Quartett haben es als große Literatur besungen. Ich weiß nicht, was mit mir los ist, verstehe diese Zustimmung nicht, alles ist auf den Wie-Vergleich eingestellt. Die enttäuschende Überraschung schon bei Kelling. Es ist, als sei ich untauglich geworden. Anruf von Eva von Steinbüchel aus dem Sonnenhof. Der Regen hat aufgehört, auch der Wind, der anderswo ein Sturm, ja ein Orkan war. Ich weiß immer noch nicht, wo die Eichhörnchen überwintern, doch nicht im kahlen Geäst. Vielleicht gehe ich heute ins Städel. Die

---

1 Jutta Karow, Malerin in Berlin, Freundin von Elisabeth Borchers.
2 Roman von Sándor Márai.

Who-is-Who-Firma in Freilassung bietet für 95,80 DM ein Grundstück auf dem Mond an oder einen Stern mit »Ihrem« Namen. Ich gehe jetzt ins Städel.

Nun aber weiß ich, daß das Städel montags zu hat. Der Weg nach Haus über die stürmische Brücke war lang und kalt. Das letzte Stück allerdings mit der U-Bahn, gegenüber die Bahn nach Enkheim. Nur darum erwähne ich's.

Endlich wieder ein Gespräch, ein langes, Belebung, schmerzstillend, ich fühle mich abhängig. Es ist dies, wenn es ausbleibt, eine Herzlast, bei der sich C.[1] und D. ablösen. Ein Blick von der Brücke hinunter in das bräunliche Mainwasser, ein Blick zur Klinik hin, zum Betonhochhaus, und schon vereint sich das, was nicht auszuhalten ist. Jetzt sollte ich von der Maschine bleiben. Aber nein. Vielleicht gibt er morgen Zunder.

Dienstag, 28. Dezember: Der Himmel lichtet sich, Verdacht auf Sonne kommt auf hinter den Wolken. Morgen hat Ralf Geburtstag, die Finger der linken Hand sind immer noch nicht in Ordnung. Frau Dessauer fühlt sich nicht wohl, das Treffen ist abgesagt. Seit Jahren geht es nun so, nie kann sie essen. Entweder stirbt sie nun bald oder das Ganze ist ein Entziehungsspiel, wie ich auch Frau v. S.[2] im Verdacht hatte, mit der Gürtelrose über Weihnachten

---

1 Claus Carlé.
2 Eva von Steinbüchel, Freundin von Elisabeth Borchers.

im Hospital. Ralf und Sibylla wollen morgen nach Köln in eine Ausstellung. Warum kommen sie nicht auf den Gedanken, mich mitzunehmen? Bin ich je auf den Gedanken gekommen, als meine Mutter noch lebte? Immer haben wir Wichtigeres zu planen, zu entscheiden, zu fühlen. Mache ich's denn anders? In der »Glut« bin ich an einen Höhepunkt gekommen, da. Ich habe ihn schon gelesen, die Begehung der Wohnung nach der Flucht von Konrad, die Beschreibung der Jagd, hier beuge ich mich dem uneingeschränkt positiven Urteil. Ich muß an Clausens Blässe danken, der Verrat Jürgens, was Utta[1] mir erzählte. Es fällt Licht auf das Friedhofsbild von Robert Wolfgang, wo die Kinder Ball spielen. Ich muß David anrufen, um zu hören, wie der Abend gestern verlief. Er ist Julia-krank. Die Enkel müssen es durchstehn, die Großmutter ist immer noch oder immer wieder involviert, welch ein Wort, großsprecherisch. Und wieder dieses herzlastige Gefühl bis zum Schmerz, unten im Keller mit Ralf, um deinen Staubsauger herauszuholen. Kartons über Kartons, Bilder über Bilder, Möbelstücke, wie ist das auszuhalten? Und Ralf mürrisch, nicht gesprächsbereit. Die Zugauskunft stundenlang besetzt. Ich hätte früher erfragen sollen, wie ich am Freitag nach Zürich komme. Notfalls muß ich zum Bahnhof.

Von Uwe zu Weihnachten die Fotos von Homberg. Das Haus sieht besser aus, als ich's gesehen habe. Ich könnte mir auch heute den Koffer auf Rädern holen. Und wieder

---

1 Utta Wickert-Sili, Freundin von Elisabeth Borchers.

macht sich das Herz bemerkbar, daß ich Luft holen muß, als habe der Blick auf die 3-Uhr-Uhr bedeutungsvolle Vergangenheit oder Zukunft. Es ist kalt. Die Zeitung hat gemeldet: nachmittags leichte Schneebälle (!). Das Buch von Jochen Winter »Giordano Bruno« ist eingetroffen. Ich fürchte, es ist mir eine schwere Kost.

Mittwoch, 29. Dezember: Ralfs Geburtstag. Guten Morgen. Auch nach Rast. Sonne.

30. Dezember: Die Austern waren köstlich. Die Vorbereitungen sind getroffen, das Taxi ist bestellt, auch der Weckdienst. Es scheint, als freue er sich. Ich mich auch.

31. Dezember 1999: Letzter Tag, wie so oft schon. Meine Furcht vor diesem Tag war so groß, daß ich mich darauf einstellte, die Reise werde abgesagt. Doch der Tag ist noch nicht im Abend.

2. Januar 2000: Nein, keine schöne Zahl. Ich bin wieder zurück. Auf dem Weg dorthin ein paar Notizen:

> Ein paar Gramm Himmelsblau
> und dann der Tau
> aus jenseitigen Schlafwolken
> Kein Wolf kein Reh
> still ruht der Schnee
> und umkränzt den Klee
> der nächsten hundert Jahre

Ich umarme die jubilierenden Berge
die triumphierenden Täler
die singenden Flüsse und Flüsschen
und stimme die Klage an

Ich sitze am Fenster über der Limmat
Wasser, Weih- und Schwanenwasser, in dem Lichter verschwimmen
aus den Kirchtürmen atemlos die Glocken
Ich sitze hier wie krank, wie allein, wie verlassen, vergessen, unheilbar. Aber ich kann doch nicht immer nur sterben.
Das ist eine der vielen Strafen, die zu überstehen sind.
Dieser Abend nimmt keine Ende, nie mehr, so war er schon gestern,
zur Morgen- und zur Tageszeit, nimmermehr.
Die Nebel gehn bei den Bäumen aus und ein
die Welt bereitet sich vor auf einen großen Crash.

15. Januar 00, Samstag:

Der Sandsack
Es war einmal – vor vielen, vielen Tagen – ein Sandsack, der unbedingt aufgehängt werden wollte. Und weil der Sandsack ein Meister des Trotzes war, wurde er dort aufgehängt, wo Sandsäcke aufgehängt werden. Er war aber so schwer, daß sich die Balken des Hauses bogen. Und das Haus stürzte ein und die Kinder und die Hasen und die Bäume im Garten, der Wind in den Sträuchern, die Sterne

am Himmel und Mond und Sonne, auch das versteht sich. Halt, rief der Junge und boxte dem Wüstling eins in die Rippen. Verschwinde, rief der Junge, dorthin, wo du hergekommen bist, und der Sandsack verschwand. Wer ihm begegnet, der sage ihm, der Vorfall solle ihm eine Lehre sein. – Diese Bleistiftgeschichte fand ich bei den Papieren, die ungeordnet sind.

Der junge Mann, schräg gegenüber, hat seine Papiere beiseite geräumt und stopft sich was in den Mund. Es ist grau und kalt. Mit der Kälte scheine ich ein Abkommen getroffen zu haben: freier Zugang. Füße, Hände, Beine, Fingerspitzen, alles erkaltet. Und die eine Fingerspitze mit der Brandblase schmerzt. Eigentlich wollte ich auf den Friedhof. Eigentlich wollte ich, daß du da bist. Eigentlich wollte ich die ganze Last hinter mich bringen. Eigentlich wollte ich nichts mehr spüren. Die Weihnachtsüberreste sind immer noch da. Das Kränzchen, die roten Kerzen, die üppige, rotbebänderte Mistel oben im Türrahmen. Ich habe mit Hans Mayer telefoniert, dreiviertel Stunden. Er sagte zum Abschied nicht, ruf mal wieder an. Er sagte: Komm bald, bevor es zu spät ist. Er wird 93 am 10. März. Im hinteren Zimmer läuft ein Western. Heute wollte ich in Rostock sein, aber Konrad[1] ist einverstanden, wenn ich die wärmere Jahreszeit abwarte.

---

[1] Konrad Reich, Rostocker Autor und Verleger.

Ich kann es kaum erwarten, wieder bei Frau Kober zu sein, sie hilft sehr. Das Schwimmen in Bad Nauheim war bedenklich. Ich, die unermüdliche, kann kaum mehr schwimmen. Das Gefühl von Gleichgewichtsstörung. Sollte das nun auch vorbei sein? Das Vorbei hat spät bei mir begonnen, überfällt mich aber jetzt um so heftiger. Ich frage mich, warum insistiert RR derart, was mit Hans Mayer los sei. Vielleicht möchte er ihn überleben. Genau genommen, muß ich mich an die Maschine prügeln, ein zu xxxx Wort für die Anstrengung, die Maschine in Gang zu setzen. Alles wäre leicht, leichter, könnte ich den Paravent wegstellen, um nicht von Andeutungen leben zu müssen.

Die blassen weihnachtlichen Rosen auf dem Grab sind noch blasser geworden, das mag die Kälte sein, doch sie haben eine Frische, als seien sie wenige Tage alt. Die alte Dame staunte über die zahlreichen Besucher, außer uns beiden aber sah ich niemanden. Und die andere alte Dame auf dem Rückweg machte mich auf einen kleinen Lastwagen aufmerksam, der nun schon einige Jahre jedweden Sonntag herkommt, vom Bodensee, mit Äpfeln und Kartoffeln. Fünf Pfund sieben Mark, die Äpfel. Dem See zuliebe – nein, das stimmt nicht – hätte ich gern gekauft.

Ein Anruf auf dem Anrufbeantworter, es war Jutta. Es gibt so viele Lücken, zum Beispiel: Konstabler Wache. Auf der anderen Seite: nach Friedberg. Daneben ein Fernsehbild: Kuba. Und ich steige ein und fahre los.

Ich lege das Blatt in die Maschine, so vorsichtig, als wäre es aus Porzellan – ein Bild der Teeschalen taucht in mir auf, die mein Vater meiner Mutter einmal schenkte. Vor ein, zwei Monaten war jetzt schon schwarze Nacht. Heute schwindet der Tag auf Zehenspitzen, als fühle er sich nicht verantwortlich. N.[1] lud mich ein, im Manuskript zu lesen und die Arbeit wieder aufzunehmen. Die beiden Wörter, die ich hörte, *ganz fest*, haben mir so wohl getan, als müsse ich auf der Stelle heil werden. Die Kälte meiner Füße reicht bis zu den Knien. Manchmal ist die Kälte so schmerzhaft, als müßten die Gliedmaßen amputiert werden. Visionen dieser Art verfolgen mich. Ein Schwarm schwarzer Vögel durchquert das Fenster. Vorbereitungen auf eine bessere Zeit, wärmer, leichter, ohne auf dich verzichten zu müssen. Und damit soll ein ganz neues Kapitel beginnen. Was sage ich: Kapitel? Nein, Buch. Unser Buch, unsere Geschichte, die ich nachholen muß. Die längst geschrieben ist in kurzen Zeilen. Jede ein Tag und eine Nacht und so viele Stunden lang. Du kannst widersprechen. Bitte tu's nicht.

Sonntag, 1. Februar 2004: Heute abend holen wir das Essen vom 24. Dezember nach im Frankfurter Hof. Uwe kommt, David ist aus Athen zurück, er wird einiges zu erzählen haben. Ich finde mein Telefonbuch nicht, um Utta die Reha-Nummer von Jutta durchzugeben. Es wird doch nicht verloren sein. Die Temperatur draußen steigt an, man sollte glauben, wir steuern auf den Frühling zu.

---

[1] Jochen Winter.

Heute, Dienstag, Claus' 6. Todestag. 6 Jahre. Vor 6 Jahren saß ich um diese Zeit am Schreibtisch im Verlag, statt stehenden Fußes in die Klinik zu fahren. Als mich Frau Schutzbach endlich hinfuhr, um die Mittagszeit, saß die Ärztin an seinem Bett, ich nahm die andere Seite in Besitz und hielt seine Hand. In der Nacht war er gestürzt, hatte sich leicht verletzt. Warum bin ich in der Nacht nicht bei ihm geblieben? Die letzte Nacht auf Erden. Gegen Abend kam Hartmut, die Ärztin war gegangen, brachte eine Kamelienblüte mit, nahm seine Hand und ließ sie immer wieder fallen, um mir den kraftlosen Zustand des Komas (Leberkomas) zu demonstrieren. Die Lieblosigkeit schmerzte mich. Es wurde dunkel, dann Nacht. Ich nahm den sternenübersäten Himmel wahr. Ralf kam, der Atem ging schwer. Wir wurden die letzten Atemzüge gewahr, die drei Stufen beanspruchen, die drei letzten Stufen des Organismus, bevor er in sich zusammenbricht. Ganz mühsam das letzte Atemholen, schwer, so schwer. Kurz nach acht das letzte Mal. Die Stille dröhnte, in dieser Stille ging er fort, was weiß denn ich, wohin. Der Main floß schwarz zwischen den Ufern, dann und wann ein hartes Aufleuchten. Nora und David kamen mit Gerlinde[1]. Wenn ich mich recht erinnere, weinte niemand. Claus hatte ich die Blüte in die Hand gegeben. Das Bett auf Rädern rollte nicht davon, warum sieht man nicht, wie die Seele davonfliegt? Eine Schwester kam und wußte nun, daß es vorbei ist. Eine Stunde später packte ich die Sachen zusammen, wir

---

1 Gerlinde Borchers, erste Frau von Ralf Borchers.

verließen das Zimmer, ich dachte mir, jetzt wird er, zugedeckt mit einem weißen Tuch, hinuntergefahren, dorthin, wo man die Toten aufbewahrt. Und ich lasse ihn noch einmal im Stich, auf nimmer wiedersehn. Während ich hier sitze und mich zurückversetze in jene Stunde, die uns allen blühen wird, wird mir der Rücken steif und das Herz verhärtet sich, und die Blätter und Trauben auf der Tischdecke bewegen sich. Weißt du noch, ich hatte einen Traum von dir. Ich gehe die Lindenstraße auf den Verlag zu, da kommst du mir entgegen, derart unvorbereitet, daß ich dir bewußtlos in die Arme fiel. Die letzte Begegnung vielleicht. – Jetzt bin ich so erschöpft vom vielen und intensiven Zurückdenken in die Bilder von vor 6 Jahren hinein. Bin so erschöpft, daß ich Angst habe, aufzustehen. Ich werde ein Taxi bestellen und zum Friedhof hinausfahren, auch wenn der Ort hier genügte, Claus zu sehen und zu hören, wie er die Treppe heraufkommt, die Tür aufschließt, die Schritte tut. Da ist er in seinem dunkelblauen Bademantel. Das Licht, das Morgenlicht lobt die Helligkeit, die er unten nicht hat.

05.01.: Gestern war ein warmer Tag, so warm, als müsse alles Frieren wieder gutgemacht werden. Anruf von Hanne K.[1] zum Fall Nordhoff[2]. Ich werde mich nicht beteiligen einge-

---

1 Hanne Kulessa.
2 Die Kritiker des Frankfurter Kulturdezernenten Hans-Bernhard Nordhoff warfen ihm Bürokratismus, mangelndes Engagement und fehlende Kommunikationsfähigkeit vor. In einem offenen Brief zum »Fall Nordhoff« sprachen sich über 100 Frankfurter Bürger gegen die Wiederwahl des Dezernenten aus, u. a. Ulla Unseld-Berkéwicz, Joachim Unseld, Eva Demski und Wolf Singer.

denk unserer Jury-Gemeinsamkeit und seines exzellenten Vorschlags, den ich ihm neidete: George Steiner. Frau Hopf wartet auf den Notarzt, ihr Mann hat eine böse Nacht hinter sich. Vom Schlag hat er sich so recht nicht mehr erholt. Wie wird es gehn, wenn er gegangen ist? Kinder sind genug da. Sie möge noch bleiben, was alles wäre verloren ohne sie. Da fällt mir Max ein, Max Hölzer. Seine vorletzte Station in einer nicht unbedeutenden deutschen Stadt, mit einer späten Freundin, die mich einließ und ins Schlafzimmer begleitete. Da lag er, klein, schmal, bleich, wie ausgezehrt, wie am Ende seiner Lebenskraft, umrandet mit dunklem Holz, viel zu hoch, wie ein Sandkasten. Ich habe mich nicht auf den Bettrand gesetzt. Mir gingen ein paar veraltete Bilder durch den Kopf – Neuwied, das Laumersche Haus, die Bäckerei, das Schaufenster, der Bahnhof mit dem ärmlichen Bahnhofrestaurant, in dem ich schon Franz Jung beobachtet habe, schwer schluckend, wie schon in Paris. Nicht mehr lang danach sind die beiden nach Mallorca umgezogen, Max ist dort gestorben. Irgendwo, irgendwann liest man seinen Namen. Seine Gedichte fallen nicht mehr ins Gewicht. Bei den Verlagsunterlagen gibt es wahrscheinlich die Korrespondenz zu L'Erotisme[1]. Ich versuche, mir sein Grab vorzustellen, ausgetrocknet, fernverloren.

Mit HP ist jetzt ausgemacht, daß sie nur noch zweimal in der Woche kommt, dienstags und freitags. Ich denke, was

---

1 L'Erotisme (dt.: »Der heilige Eros«) ist ein von Max Hölzer übersetztes Werk von George Bataille, 1963 bei Luchterhand erschienen.

anfällt, kann warten, vor allem die Rechnungen. Heute kommen die Herren Bauer und Reiner[1] zum Bilderaufhängen. B. hat schon bei Claus aufgehängt, eine unübersehbare Beziehung. Ich müßte Jörg[2] einlassen, muß mit Müller-Schwefe zum Pizza-Essen, so auch mit Petra Harth. Herr Hopf ist über den Asthmaberg. Berg ist bei Hoffmann und Campe, Arend bei Rowohlt. Burgl ist in Seefeld beim Langlauf. Hartmut hat einen doppelten Bänderriß.

Beim ersten Blick auf den laufenden Fernseher heute morgen beim Wachwerden: Dali, Salvador. Da war es wieder, das Paris der sechziger Jahre. Ich im Quartier Latin mit dem Kordsamthut auf dem Kopf, zum Deux Magots, in der Dali-Woche, Plakate über Plakate, Buchhandlungen mit Dalibüchern, als gäbe es nur Dali und das Rendez-vous mit Guillevic am runden Marmortischchen. Mitten im Redefluß schaue ich mir über die rechte Schulter durchs große Fenster, da kommt Dali mit seinen Kohlaugen, dem aufgerichteten Schnurrbart, im dunkelbraunen Mantel. Dali rufe ich aus und erwarte Guillevics Überraschung: wo bitte, wo? Guillevic aber läßt verlauten: qui est-ce? Da gibt sich der Sozialist zu erkennen, und das Gespräch geht weiter, als sei nichts geschehen. Später, auf irgendeiner zu Arragon führenden Straße beim Abschied, G. streckt sich, um mir einen Wangenkuß zu geben, kommt ein Windstoß und nimmt ihm das Baret vom Kopf, es rollt wie ein wei-

---

1 Jürgen Bauer (im nächsten Satz »B.«) und Mathias Reiner: Mitarbeiter der Werbeabteilung des Suhrkamp Verlags.
2 Jörg Kitta-Kittel.

ches Rad davon, er und ich hinterher. Er: Le vent ne me permet pas des vous embrasser. Ich hatte den Satz noch im Ohr, als G. 30 Jahre später im Literaturhaus in Frankfurt las, rechts seine Frau, links die Agentin. Und als ich versuchte, mich in Erinnerung zu bringen, ertrank sein Blick in den wässerigen Augen. G. über achtzig und während der Lesung immer wieder eingeschlafen. Die Ellbogen der beiden Damen waren in ständiger Bewegung, Weckreflexe.

Hellgraue Wolken vor blauem Hintergrund. Schräge Sonne. Regen wurde angekündigt. Heute abend Einladung bei Eva[1] zusammen mit Kaltenbachs, die mich abholen werden. N. derweil im Quai d'Orsay, Waltraud Meyer zu Ehren und ihrem Gesang. Zwanzig Seiten in Schirndings Buch gelesen (nach dem Erwachen). Ich habe auch Kühe gehütet mit einer Flasche Himbeersaft. Ich weiß nicht mehr, wie die Bauerstochter hieß. Ich habe auch Prinzregententorte gegessen. Im Prinzregentenrestaurant. Meine Eltern und ich waren die einzigen Gäste zu Mittag. Die Kellner standen müde herum.

Es gibt Wichtigeres zu erinnern. Ich habe mir Dali vorgenommen und Guillevic, weil das andere gar nicht einfach ist zu rekapitulieren. Wiederherzustellen und sei's als Erinnerungsbild. Vorgestern, also am Freitag, gab's das Heringsessen[2] abends in der Klettenbergstraße. Aus Hilde

---

1 Eva von Steinbüchel.
2 Einladung von Siegfried Unseld – Ritual zu Beginn eines jeden Jahres.

Unselds Zeiten, eine Vorliebe von ihm. Die Eingeladenen waren abzuzählen, die Mitglieder der Postkonferenz, ein oder zwei Gäste, wie sich's ergab. M. Reiner aber erzählte: 50 Autorengäste, darunter die Jury-Mitglieder für den Siegfried-Unseld-Preis[1] mit 50 Tausend. Ich nehme an, Ulla[2] und Rainer Weiss haben auch mitzureden, die beiden vertreten Unseld, und er würde für Hein plädieren, meine letzte Errungenschaft, nicht auszudenken. Wie aber ist es möglich, wenn 50 Autoren geladen werden, daß die Einladung an mich ausbleibt? Irgendwann werde ich eine Auflistung all meiner ›Beiträge‹ machen, die dem Verlag noch heute zugute kommen. Morgen will ich in den Verlag und mit Weiss über das Lektorat G. Konrád[3] sprechen. Wenn ich es übernehme, muß einiges geklärt werden. Das Heringsgelage, der Weinkonsum ist mir in freundlicher Erinnerung. Schade, eine Lobby habe ich nicht. Ich wußte, daß ich mit diesem Ballast N. beladen würde. Ich hatte die Befürchtung, er werde mich Claus vermissen lassen, der in solchen Situationen heilsam reagiert. Aber nein, N. war das, was man sich wünscht, wunderbar, eine Konstante. Es möge so bleiben, das ist ein Gebet. Wir haben telefoniert. N. hat ein höchstes Lied auf W. M.s[4] Liederabend angestimmt. Als ich sie hier in der Alten Oper hörte, war mein Genuß geringfügig, die Folge meiner untauglich ge-

---

1 Der Siegfried-Unseld-Preis wurde in diesen Tagen »kreiert«. Der erste Preisträge war Peter Handke.
2 Ulla Unseld-Berkéwicz.
3 Elisabeth Borchers übernahm das Lektorat des Buches »Glück« von György Konrád.
4 Waltraud Meyer.

wordenen Ohren. Für die, die zu hören verstehen, muß es beispiellos genußvoll gewesen sein. Ich überlegte mir, ob ihn nicht ein Bedauern überkommt, nicht mehr an ihrer Seite zu sein. Nein, hörte ich, ohne daß es eine Ausrede gewesen wäre.

Von einer Seite zur anderen ändert sich die Welt. Die Tür schlägt zu. Die Fenster zerspringen. Si un être vous manque, le monde vous semble dépeuplé. Nein, ich weiß nicht, was das war! Das war krank, unerträglich. Kein Ausweg, Ende, aus, vorbei, fort – das Gebet ist vor verschlossener Tür angekommen. Die beschützenden Engel sind ausgeflogen, fühlen sich nicht mehr zuständig. Die letzten Energien rinnen aus. Wie kann das sein? Eine Fremdsprache, eine Blessur, wie läßt sie sich erklären? Ich habe an seinen Vater gedacht, vielleicht hat auch er einmal derartig geschrieen, daß er den Schrei wegschreien mußte. Vielleicht war es lediglich eine Abschiedsinszenierung, ein Anlaß, um endlich loszukommen, das könnte es sein. Vielleicht ein Angebot von W., sie nicht nur jetzt zu begleiten. Es gäbe Gründe, das Angebot anzunehmen. Ich habe den Koffer für Mainz gepackt. Ich würde lieber bleiben, weil man's nicht wissen kann.

15.08.: Noch gestern abend wollte ich zu schreiben beginnen, nicht um den Sonntagabend zu ehren, vielmehr dem gelbgoldenen Sonnenlicht zuliebe. Ob dieser unendlich schöne Glanz auch auf dem Meer liegt, einem Meer, von dem ich immer noch nicht weiß, ob du es vom Fenster aus siehst oder ob du zehn, fünfzehn, zwanzig Minuten gehen mußt. Du bist ganz gewiß gegangen, um das Meer zu begrüßen, das Rauschen und Schäumen, das Schlagen und Poltern. Dein Freund hat dich gewiß zum Abendbrot geladen, du hast deine Sachen ausgepackt, welches Buch hast du aufgeschlagen, welche Zeile hat dir den Eintritt erlaubt? Du bist in den Erschöpfungsschlaf gefallen, wenn das wahr ist, was nicht sein muß. Ich stand eine Weile am offenen Fenster, kühl, wolkig, sonntägliche Unbeweglichkeit, vielleicht ein Auto, herausgeschobene Rolläden, als sei blendende Sonne zu erwarten. Bin ganz spät aufgestanden, war dankbar, 3Sat brachte einen Film über Elias Canetti, der Kampf gegen Macht und Tod. Wiedersehen mit Fried, E. Eisler, Hredlicka, RR, im Hotel …, wo in früheren Jahren Messeempfänge stattgefunden haben, wurden wir bekannt gemacht. »Die Blendung« oder »Die gerettete Zunge«. Sein Blick war wohlwollend, ich habe ihn nicht erwidert. Der Balkon steht noch unter Wasser, ein paar Minuten unter dem blauen Himmel. Ich habe mit Katrine von Hutten gesprochen und dann habe ich dich angerufen, denke dir nur, du warst nicht da. Ich sehe dich am Meer, du sammelst dich zu einem ersten Gedicht. Halb acht. Und wieder diese goldene Abendsonne (wie bist du so schön). Inzwischen hat Susanne angerufen, ich habe mit Nils gesprochen, was denn das schönste von all den Ferientagen gewesen sei: der Leuchtturm! Montagmorgen. Wie war deine zweite Nacht und das zweite Aufwachen, wie frühstückst du, was liest du als erstes, wie riecht das Land, wie der Wind?

Cavatine ist zusammengebrochen. Und weil Allegro vor Kummer nicht allein sein kann, muß ein anderes Pferd herbeigeholt werden. Menschlich gerechnet war Cavatine über achtzig.

Inzwischen war Frau Premer da und auch wieder fort. Die FAZ hat sie mitgenommen, bis auf die erste Feuilleton-Seite: zum Tod des polnischen Dichters Czesław Miłosz. Dazu ein Längeres von RR und ein Miłosz-Gedicht mit dem Titel »Campo de Fiori«: »Hier, auf genau diesem Platze / Wurde Giordano Bruno verbrannt. / Der Scheiterhaufen, vom Henker entzündet, / War umringt von Schaulustigen.«

Warum bin ich ohne deine Adresse, ohne Telefonnummer, warum? Ich verstehe das Verfahren seit Jahren nicht. Bitte, warum?

Cousine Annemarie hat auf meinen Brief impertinent reagiert. So ist das. Ich bin nicht gut beisammen heute, so wie der Himmel, verschiedene Grauschattierungen.

Mittwoch, 18. August: Burgel Zeeh hat angerufen, Metastasen im Bauchfell. Ein Dutzend Chemotherapien stehn bevor. – Regen in der vergangenen Nacht, blasse Sonne jetzt.

Gestern war Putztag. Und ich zu Professor Enzensberger angesichts meiner miserablen Schrift, was dagegen zu tun sei. Üben, keine Zwangsveranstaltungen. In Gedanken an

Merligen habe ich von meiner Erfahrung in Bad Nauheim erzählt. Er hat mir das Schwimmen untersagt. Ich habe ihm vom Wohnstiftverlangen meiner Söhne erzählt. Er stimmt mit dir überein. Mit wem redest du, wenn du reden möchtest, wie ich immerzu.

Dann hast du angerufen, ich hab's gespürt, undenkbar, undenkbar, wenn ich mich getäuscht hätte. Es geht dir besser, du erholst dich langsam vom Übergepäck. Noch während wir sprachen, war ich schon in Gedanken hier an der Maschine, um dir zu schreiben. Daraus aber wurde nichts. Ich war allzu erschöpft. Ganz langsam bereitete sich das Unwetter vor. 9 Tote in Frankreich, Kahlschlag in Hessen, Sintflut dazu. Nr. 17 ohne Irritation. Bei Blitz und leisem Donner bin ich eingeschlafen.

Heute, Donnerstag, Friseur, Lavazza, Fitness, Claudia. Wenn ich in der Fressgasse die fröhlichen Esser und Trinker sehe, jage ich in die Normandie, um dich zu Tisch zu bitten.

Der wievielte ist heute? Ich werde es auf der Zeitung nachlesen. Um 2 Uhr wird David hier sein mit dem Wagen von Ann-Christin. Wir fahren auf den Friedhof und einige Besorgungen erledigen. Ich solle mich ›bunt machen‹. Geschehen. Die Rosen von Nora und die Hortensien von HP brauchten Wasser. Ich habe die letzten 5 Seiten aus dem März und nach Ostern gelesen. Inzwischen ist der Sommer da, wenn auch gewittrig gestört. Der Balkon zu heiß.

Einen Tag später, Sonntag. Gestern mit Uwe unterwegs. Gespräche. Wieder mit N. im Gespräch, das ist ein Segen. N. selbst abattu comme un chien. Ich erinnere mich dieses Zustands, wie festgenagelt an Buch und Tisch. Ich bin gespannt, was geschieht, wenn der letzte Punkt gesetzt ist. Ein Befreiungsschrei, in welche Himmelsrichtung.

25. Juli: Kämmerlings bespricht Walsers ersten Roman bei Rowohlt. Liegt es an der abnehmenden Intelligenz, daß nicht einmal der Titel »Der Augenblick der Liebe« mir Tür und Tor öffnet? Arnold erzählte schon, daß die Verrisse sich überschlagen. Ich bestand darauf, daß sich Untreue nicht bezahlt macht. Um Kämmerlings Entwirrungen zu verstehen, muß man wohl das Buch gelesen haben. Ich werde es nicht lesen. Ich bin gekränkt, weil er die Sympathien, die Treuegefühle derart verspielt. Dieser Mensch! N. ist dermaßen in seinem Zeitdruck der Arbeit verkettet und vernagelt, daß er die Lektüre verweigert.

Ich solle mich mit Ralf und Uwe zusammensetzen, um über alle Niederbronner Unklarheiten zu sprechen. Ja, das ist notwendig. Sie wollen einen Blick in die Zukunft riskieren, wie lange ich imstande bin, ohne permanente Hilfe auszukommen. Die fürchten um die Finanzen, aus diesem Grund seien sie zu Rate zu ziehen, wenn es um die Anschaffung eines Treppenlifts gehe.

Im neuen Stern eine Interview-Kritik zu Walser, ich habe sie begierig gelesen; warum begierig? Es liegt wohl am 18.

Jahrhundert, daß mir der Autor La Mettrie nicht geläufig ist. Jedoch: La Mettrie hat bei Montaigne den Satz gelernt: *Man muß sich selbst zum Thema machen.* Welch ein schönes Zitat!

2 Stunden später. Ich habe vergessen dir zu sagen, daß ich mich manchmal recht elend fühle. Die Wolke, lang und breitgestreckt, ist ins Abendlicht getaucht. Ich weiß wahrhaftig nichts von dir. Der »Stern« hat ein betörendes Thema: Die Macht der Sterne. Wie sie den Menschen bewegen. – Ich habe auch vergessen dir zu sagen, daß ich Caillois' »Steine« wiedergefunden habe. Immer, wenn ich die Widmung lese, danke ich dir und dem Himmel. Der sich jetzt dunkel, grau bezieht.

Es ist Freitag, 20. August 2004: Kurz nach eins bin ich wach geworden. Um vier Uhr gefrühstückt. Um zehn Uhr kam Frau Hopf. Wolken, Sonne, mächtiges Rauschen in den Bäumen. Die Kinder sind im Sauerland, spätestens morgen.

Samstag, 21.08., Sonntag und heute Montag, 23.08.: Gestern habe ich gewartet, doch kein Zeichen von dir. Was alles müßtest du mir erzählen, wollte ich dein Leben dort sehen und verstehen. Vielleicht aber habe ich diese Bilder längst vor Augen, so daß sie mich schmerzen. Seit langer Zeit war ich auf der Suche nach einem Psalmenzitat für die Todesnachricht. 6. Psalm, 3-4: *Herr sei mir gnädig, denn ich bin schwach, heile mich, Herr, denn meine Gebeine sind* *erschrocken und meine Seele ist sehr erschrocken.* Es sind Zeilen, die man mit beiden zur Schale geöffneten Händen wie Wasser auffangen kann, wie Lebenswasser. Warum sagst du mir nicht, was sich geändert hat, von Grund auf, zum Elenden hin. Das hatten wir abgesprochen.

Immer noch Montag, Claudia, Lavazza und wieder daheim, in Erwartung. Kein Anruf. Wie ist das zu verstehen?

Dienstag, 24.08.: Es blitzt und donnert und schüttet als allen Wolken. Den Häusern werden die Füße naß. Die Post von heute ist noch nicht da. L. B. wird sie heraufbringen. Keine Post. Worauf warte ich nur?

Mittwoch, 25.08.: Es gibt zwei Möglichkeiten. Entweder sage ich: aus oder ich zerreiße die J-Kapitel-Seiten. Was wohl das beste wäre.

Agathe hat angerufen und die Lichtwelten-Kritik in der NZ[1] vorgelesen. Welch eine Sonntagswohltat! Die erste Äußerung zu diesem Buch, als sei es nicht der Rede wert. Eine solche Seelentröstung würde ich gern (und jedes Mal) mit dem Anschauen von N.s CD beantworten. Dieser Augenblick gehört zu meinen schönsten und sanftesten Freuden. Dein Gesicht, deine Gestik, deine Blicke zu mir her, deine Unbestechlichkeiten, wenn es um den erdumfassen-

---

[1] Besprechung der Frankfurter Poetikvorlesung (2003) von Martin Zingg in der NZZ vom 24.8.2004.

den Blick geht. Oder die kosmosumfassenden Erscheinungen. Die Technik aber widersetzt sich mir und der Sehnsucht meiner Augen.

27. Juli, Dienstag:[1] Wenn ich ein wenig aufräume, d. h. die schweren Bücher ins Regal zurückstelle, fängt dieses Träumen wieder an, wer bekommt was. Wäre es nicht gut und schön, sich vorstellen zu können, wie es weitergeht, wenn nichts mehr geht, wenn der Weg zu Ende ist? Lilli Buenaventura kriecht über den Teppich und behandelt die Flecken. Wenn der Vorname nicht wäre, hätte ich dieses Bild nicht erwähnt. Es erinnert mich an die Kinderzeit mit dem Namen Lilli. So wurde ich genannt und gerufen im Elsaß. Weil mein eigentlicher Vorname zu lang war? Als dann Charly mit seiner indonesischen Frau zurückkam, verfügte Tante Trudel, daß sie Lilli genannt werde, weil der ursprüngliche Name nicht auszusprechen sei. Demzufolge mußte ich verzichten. Eine Aktion, die mich sehr gekränkt und geschmerzt hat. Ich hab's ihr bis heute nicht verziehen, obwohl sie seit mehr als 30 Jahren tot ist. Gestern mit Charly telefoniert, am 13. hat er ein Orgelkonzert. Ich war 16, als er zur Welt kam, mitten im Krieg. Tante Trudel hat mir Schauerliches über die Geburt erzählt. Charly war von Stund an ein Engelsgesicht. Cousine Annemarie und Cousin Hans waren aus diesem Alter heraus. Der Himmel ist wolkig grau und neben mir liegt der schöne, sanfte und

---

1 Vermutlich unrichtige Datierung.

sättigende Brief von Gruber-Simitis. Das Buch bei Frau Premer, sie liest es ein zweites Mal.

Wie ausgiebig das Telefongespräch mit N. gestern abend war. Wann wird dieses Warten ein Ende haben?

Heute Mittwoch, 1. September: Man stelle sich vor, ich hätte die letzten fünf Blätter tatsächlich vernichtet. Aber du mußt wissen, mir war wahrhaftig krank vor lauter Hoffnungslosigkeit. Der Tag ist so schön heute, daß ich am liebsten nach Paris führe.

2. September: Was gestern war, dauert an. Die Balkontür steht weit auf und die rosa Blüten des Glücksklees zittern im Windhauch. Ich habe dich angerufen, warum? Vielleicht in der Hoffnung, du mögest sagen, komm! Undenkbar bei der Arbeit. Ein paar Minuten auf dem Balkon und dann zurück in den Schatten dieses Blattes.

Stunden später, ein Viertel vor sechs Uhr. Der Himmel ist noch sommerlich blau. Ein Silberstrich, der immer höher steigt. Die rosa Blüten sind schon schlafen gegangen.

Freitag, 3. September: Guten Morgen, mein Liebster. Ich wünsche dir, daß der Tag so schön bleibt und du mir das gleiche wünschst. Licht und Wärme fluten ungehindert herein, über mich, über den Tisch, fließen strahlend. Gestern habe ich, eine Sekundenentscheidung, Annemarie angerufen. Passons etc. Sie erzählte, daß der Besuch des Bruders von Pipo aus dem Midi bevorstehe. In Pfaffenhofen wolle er das Grab von Pipos unehelichem Sohn aufsuchen. Das habe sich Pipo vorgenommen und dann war sein Selbstmord schneller. Salomé, die Mutter des Sohnes, hatte er nicht heiraten wollen, was er zeitlebens bedauert habe.

Du hast angerufen, morgen fährst du nach Plankstadt, am Mittwoch wirst du in Frankfurt sein, am Sonntag unter dem Ätna.

19. September, ein Sonntag: Gestern abend hast du angerufen, und ich habe dich verstimmt mit meinen, ja was nur: Anhänglichkeiten – ein falsches Wort. Am Mittwoch bist du abgeflogen, am Donnerstag und Freitag war ich außerordentlich stark, bin nicht geflüchtet in Vergangenes, wie vorgestern abend, als ich im besagten Hotel saß mit den anderen und darauf wartete, daß du, der fast Unbekannte, die Tür öffnest und ich aufsprang, um dich zu grüßen und dich nicht mehr auszulassen. Vom ersten Augenblick an hatte ich das Bedürfnis, deine Hand zu nehmen, um sie mir zu eigen zu machen, sie nicht mehr loszulassen.

Es ist schon seltsam, wie sehr mich diese Anfänge begleiten, der Regen, die hellen Schuhe, alles andere als bequem, das leise Lesen der Gedichte in der verlassenen Hotelhalle. Und heute bist du in Sizilien, gestern stand über dem Land eine grauschwarze Wolke. Ob es heute immer noch regnet? Als ich heute morgen zum Balkonfenster ging, waren am Stuhlgeflecht die Regentropfen aufgereiht. Lesen soll ich, schreiben soll ich, sagst du – dann bist du diese Last los. Ich beschwöre dich aus der Ferne: Finde die Zeile, die dich Schritt für Schritt ins Gedicht führt. Der Strauß Rosen steht immer noch, braun geworden, welk, das ist der Gang der Welt.

Nun regnet es hier auch wieder. Ich sehe dich vor mir ohne Sonne, du frierst und noch keine Vespa. Du darfst nicht vergessen, ich habe zu viel lesen müssen in jenen Jahrzehnten. Und zum Schreiben, das haben wir besprochen, bedarf es des Ergriffenseins. Und diese tiefe Bewegung macht sich bei mir bemerkbar, wenn sie mir die Erinnerung zurückbringt, was wunderbar war und immer aufs neue ist. Also, du sollst nicht erschrecken, laß mir das Erwärmende, früh genug muß ich darauf verzichten. Auch das solltest du nicht vergessen.

Montag, 20. September 2004: Eine Gutenmorgenumarmung. 11 Uhr 30. Bläßliches Licht. Bevor ich mich auf den Weg begebe, ein Umweg zu dir – nach wie vor ist mir der Name des Dorfes nicht geläufig. Bist du unterwegs, was liest du? Ich sitze an deinem Platz. Wärst du hier, überlegten wir uns, was zu tun sei. Ich habe gestern und heute Susannes Geschichte noch einmal gelesen. Es ist doch vieles verworren, unkenntlich – werde sie anrufen. Hast du das Schlüsselwort gefunden? Keine Bilder vom Ätna, alle Kanäle angefüllt mit Wahlergebnissen, NPD- und DVU-Erfolgen. Von Mal zu Mal überkommt mich der Widerwille. Es grenzt ans Bodenlose zu behaupten, der Osten werde vernachlässigt angesichts der leeren Rentenkassen. Ich habe eben noch einmal versucht, Schmidt-Glinzer anzurufen. Erst am Donnerstag ist er wieder da. Du sagst, die Lavaströme sind weit genug weg, ich brauche mich nicht zu sorgen. Wenn du die Hänge nicht aufsuchst, soll es mir recht sein. Auf den letzten Bildern lag ein Mann tot auf dem Aschenhang. Kommentar: es entsteigen Gase. Und immer wieder fällt mein Blick auf das Blatt mit der Gebrauchsanweisung. Noch habe ich nicht nachgegeben. Ich will warten, bis es gar nicht mehr auszuhalten ist. Der Maler Jörg läßt dir sagen, nicht der Ätna sei dein Berg, sondern der Stromboli. Alle zwanzig Minuten atme er aus, das sei das Ereignis.

Dienstag, 21. September 2004: In meinem Kalenderbuch nummeriere ich die Tage deines Fortseins arabisch und umkreise sie mit Bleistift. Zweimal habe ich mich verrechnet (3, 5, 6 ...), verzählt. Heute, in aller Herrgottsfrüh, lautete der Wetterbericht für heute: Schauer und Gewitter über Sizilien. Das heißt, es scheint nicht aufhören zu wollen, und du hattest dir noch einmal Sommer gewünscht. Hier reagieren die Heizkörper auf Winter, und die grauschwarzen Wolken schieben sich über die Hochhäuser. Kalt sei es, sagte Lilli. Gestern wollte ich zur Reha, nur bis zum Verlag hat's gereicht. Mit Frau Dammel ein Gespräch über die MLK-Liebesgedichte. Bisher erschienene Namen: vor allem Celan, Puschkin, Tagore. Und weitere Namen sind geplant, darunter auch Brasch und noch einer von den Jüngeren. Nein, sie kommen nicht auf die Idee, meinen Namen dazu zu nehmen. Aber das steht ja schon in der Bibel.

Celan: nehm dich auf, statt aller Ruhe.

Celan: Ob Wolke, ob Stern: wir sehen nicht auf. Rück näher, komm: daß es nicht zweimal wehe durch unser offenes Haus.

Celan: Unendlich hör ich den Stein in dir stehn.

Celan: Als könnten wir ohne uns wir sein, ich blättre dich auf, für immer, du betest, du bettest uns frei. (Lektionen). Und so weiter.

Ich mache mich jetzt auf zu den Geräten. Noch eines: Gestern hat mich Hartmut angerufen und einen Termin besprochen. Ich hoffe, es hat nichts zu bedeuten. Bis bald, mein Liebster.

Das »Bald« hat länger gedauert. Nach dem Training ein paar Einkäufe, dann nach Hause.

Immer noch 22. September: Herbstanfang. Mittwoch, zehn nach sechs. Möchte wissen, wie es sich in Rom anfühlt, in Sizilien. Hat dich der erste Satz, das entscheidende Wort eingeholt? Ich habe es in Brand gesteckt, damit du es siehst. Ich beschwöre es, damit du es hörst, damit es leuchtet. Ich war bei Hartmut. Er wollte schon wieder Blut abnehmen. Zum Glück konnte ich ihm sagen, daß die letzte Untersuchung im Frühjahr war, was er zunächst nicht glauben wollte. Ich habe mit der Familie zu Mittag gegessen, dann heimwärts, keine Fitness, dafür lausig kalt, trotz Winterdress. Ein sehr gutes Hitler-Gedicht von Grünbein. Heute wollten wir einen Christkindbesuch machen, aber HP war so herbstlich kalt, daß er abgeblasen wurde.

Wenn mich nicht alles trügt: **24. September:** Ich habe heute nachmittag Paris angerufen, um dir die Nachricht von Professor Schmidt-Glinzer zu sagen. In der Hoffnung, daß du das Band abhörst und über die Maßen angeregt wirst. Den Brief aus Mainz siehst du erst, wenn du zurück bist.

Gestern abend nach einem Anruf wollte ich mich an die Maschine setzen, doch daraus wurde nichts. Ich habe die Seiten, von denen du sprachst, gelesen, doch kein noch so kleiner Stoß oder Blitz traf mich. Lassen wir diesen und jenen Bereich ungestört.

Abend. Ein Samstag wie ein Sonntag, alles mucksmäuschenstill. Keine Bewegung in den Bäumen, kein Regen, kein gar nichts. Ich saß ein paar Minuten auf dem Balkon. Wenn wir jetzt ein Handy hätten, hätte ich dich angerufen.

So vergeht ein Tag. Die geschichteten Wolken machen dem Tag ein Ende. Ich wollte am Abend dich hören und sehen, ansehen. Nun ruft Ralf an, David hole mich ab zum Abendbrot im Sandweg. Auf dem Dach gegenüber eine Handvoll Vögel. Du fandest es unausstehlich, jetzt schon von Weihnachten zu sprechen. Bei Tengelmann liegen die

Christstollen zu hauf, die Adventskalender werden angeboten. Was sagst du dazu?

Mittwoch, 29. September (vom 21. September zum 29.!):
Ich habe dich ausgelassen: eine Störung des linken Auges in der Nacht nach dem Sandweg, Augendruck so heftig, daß ich mich schon in der Klinik sah. Ralf hat mich am folgenden Tag zur Sprechstunde begleitet (von 18–22 Uhr). Frau Dr. Rapprich hat nichts feststellen können. Nur noch andeutungsweise hat sich das Auge, das linke, bemerkbar gemacht.

Übermorgen ist die Lesung in Heppenheim zu Jörgs Ausstellungseröffnung. Schade, daß du nicht dabei bist, wichtiger aber ist, daß und was du schreibst. Bin sehr neugierig auf deine Ernte. Otto-Eckart (genannt Pum, einer der beiden Trauzeugen, 1946; Franzl ist seit vielen Jahren tot) hat mir die Todesanzeige von Lilo geschickt. Eine Freundin damals und seine Frau. Heute morgen haben wir telefoniert. Er wäre am liebsten gleich gekommen. Das geht aber nicht, das Bett ist noch kaputt. Gestern schon war ich beim Fitness und auch heute will ich hin. Das Laufen fällt mir unerklärlicherweise schwer. Sag mir doch, wo du bist, was du schreibst, wie du dich fühlst. Ich grüße dich, umarme dich, liebe dich. Ich gehe jetzt, bis bald.

Montag, 4. Oktober 2004: Auf dem Balkon ist Sommer, wie damals. Die Wetterverkünderin warnte: der letzte warme Tag, genießen sie ihn. So setzte ich mich raus in deinen Sessel vor das Töpfchen mit dem Glücksklee, auf dem Boden eine ganz kleine Feder, die ein Vogel verloren haben muß, weil er zu schnell flog. So warm ist es da draußen, wie bei dir in der Ätnawärme. Du muß wissen, gerade als ich dachte, in zwei, drei Tagen bist du wieder in Paris, schiebst du die Zeit noch einmal eine Woche hinaus, da durchfuhr mich der Schreck. Das ist doch verständlich. Gestern war Sonntag, wir waren in Assenheim; wenn du genau wissen willst, beim Christkind. Und heute muß ich ständig korrigieren, nein nicht Sonntag, es ist Montag. Heute morgen Anruf von Ursula Bongartz, ob ich Arnolds Einführung übernehmen könnte. Also ja. Wenn der Text geschafft ist, wirst du ihn lesen. So wie ich dir den Brief von Agathe gefaxt habe, den ich heute morgen als letzten beantwortet habe, denn ich erinnere mich, daß Ursula auch in deiner Anwesenheit von Akiko erzählt hat. Und ich werde all deine Gedichte lesen, die du jetzt noch schreibst und sie dem Ätna zu Füßen legst. Jetzt liegt der Schatten auf dem Balkon und ein leichter Wind geht darüber hin, daß die Glücksblätter zittern. Statt zum Training zu gehen. Heute abend kommt Herr Bley, um sich ein paar Umstände anzuschauen: das Bett, eine Heizung, die nicht richtig funktioniert, die Wandleuchte im Bad, das Warmwasser ist unzuverlässig, die Lampen in der Diele, das Balkonfenster. Draußen, oben, eine Horde von Schäfchenwolken. Ein Wort aus dem Munde meines Vaters. Ich geh jetzt spülen. Morgen geh ich zum Training, zuvor Ruppenstein, danach zu König, was will er mir sagen?

Nein, ich habe nicht trainiert, gestern war Regen. Heute erwarte ich José. Gestern war ich nicht beim Kritikerempfang. Heute hat Jelinek den Nobelpreis bekommen, erstaunlich. Heute kein Regen mehr, Sonne.

Ostermontag 2005: Wohin sind die Osterferien entschwunden? Eine müßige Frage, besser wäre zu fragen, wohin sind die heutigen Tage entschwunden? Premers sind unterwegs nach Badenweiler. Vom Römerbad mußte ich ablassen. Bain-Sûr. Es wäre schön gewesen, entspannend, erholsam. Aber auch wehmütig, wie immer und alles, kein Entkommen. Ich habe die Maschine umkreist, die weißen Blätter, alles zu heiß und nicht zu beantworten. Alice ruft aus Tuscon an. Konrad aus Rostock. Arnold aus Rast, bald aus Bamberg. Fünfzig Jahre, ein gutes Stück Weg. Die Statistik erklärt: Siebenundneunzig Jahre seien den Männern vergönnt, hundert den Frauen. Muttis Lieblingsbaum, die Kastanie, leuchtet in hellem Grün. Die sonnengoldenen Rosen wollen Wasser. Von dir war nicht die Rede, wozu auch, das alles ist nicht klar. Ein Hauch von einem Wind. Ein paar Mal war ich schon draußen für einige Minuten. Ich brauche einen Energieschub. Ich will ein wenig Petrarca lesen.

Osterdienstag: Nebelblasses Licht draußen. Ich hatte gehofft, Petrarca werde eine Helligkeit werfen. Ich denke, wenn es so weitergeht, muß ich Herrn Speck absagen.

Mittwoch: N. geht es besser. Ein Sonnenschein auf den Dächern, auf dem Balkon. Auch auf dem Tisch. Rebecca wird am Samstag oder Sonntag kommen. Anruf von Klaus Hurtz. Auf dem Friedhof mit Uwe und David, wenige federleichte Blümchen und die drei traditionellen weißen Rosen. Auf dem Rückweg bei SU vorbei, kein ordentliches Grab, wahllos ein paar Blüten in weiß. Weit vor Ostern ein Telefongespräch mit Joachim. Wann sehen wir uns, die letzte Frage. Rebecca: Sie habe die literarische Sendung von 3Sat mit Peter Hamm gesehen, ein eitler Mensch. Ja, ich denke, er ist stolz auf das Neuerreichte, die Behausung in Straßburg. Ach, und meine Straßburger Stunden in der Frühe, wenn die Wasserwagen die Straßen besprühten und reinigten im Sommer. Und ich in dieser Herrgottsfrühe auf dem Weg ins Maison Rouge war, Frühstück und ein Zimmer zum Kléberplatz hin. Und damals, als mir der Schleier vor dem Gesicht wegbrannte. Zur Weihnachtszeit war es das Nachkriegs Maison Rouge und im Bistro beim Münster das köstliche Mahl und die Zigarillo-Lektion. Um wie vieles jünger als heute? Und heute wieder ein Stück abwärts. Ich habe das unangenehme Gefühl, als verkürze sich die Zeit zusehends. Als sei mir das Recht abgesprochen, mich festzuhalten. Du weißt, wovon ich spreche, weißt du's?

Mittwochmorgen: Ich ziehe mich vom Balkon zurück, die Sonne ist außerordentlich stark. Zeitungslektüre.

Sonntag: Sie scheint zwischen der einen und der anderen Wolke hindurch. Es muß so oft von ihr die Rede sein, von diesem Lebensgestirn. Burgels faustgroße Rose in Rot überwacht den Tisch und alles, was draufsteht. Utta wird am Mittwoch kommen. Wir werden sehen, ob ich meine Absage aufhebe. In keinem Fall soll Petersburg bestehen bleiben. Heute abend Rebecca. Immer noch nicht habe ich vom Wesentlichen der letzten Tage gesprochen. Von der Nacht vom Donnerstag auf Freitag. Dieses sanfte Gleiten auf den Boden. Es war gegen eins. Die Wasserflasche fiel um, von nun an saß ich in der Nässe und kam nicht wieder hoch, so sehr ich mich auch anstrengte. Die Knie. Ich angelte mit dem Stock nach dem Kissen. Vergebliche Mühe. Nichts half. Keine Möglichkeit des Anrufens. Die Brille auf der anderen Seite des Betts. Gegen halb sechs morgens schließlich, nach einer intensiven Bitte um Hilfe, mit dem Oberkörper aufs Bett, ein wenig ausruhen und dann noch einmal, woher die Kraft, das Gelingen, ich traute meinen Gliedern nicht, ich lag im Warmen. Und am Morgen dann, alles tat weh, der Hals, die Schultern, der Rücken, die Knochen, die Knöchel, die Handgelenke, die Fußgelenke, die Finger, die Zehen, dem Brechen nahe, die Knie. Was wäre ohne die ultima ratio? Ich habe die Welt abgesucht nach Möglichkeiten, nach Haltepunkten. Wie leer die Welt in solchen Stunden ist. Man wirft Netz um Netz aus, sie bleiben leer. Wie ein leer geschöpftes Meer.

28. März 2004: Ich habe dir versprochen, heute die Maschine auf den Tisch zu stellen. Hier steht sie. Und doch habe ich das Gefühl, vor einem geplünderten Zettelkasten zu sitzen. Gestern noch stellte ich mir vor, wie mich die Sturzbäche von hoch oben erschlagen, wenn ich erst einen Schritt auf sie zu unternommen habe. Es sind nicht allein die zurückliegenden Schichten, die abzutragen sind, es ist die unaufhörliche Jetztzeit mit ihren Ereignissen. 3Sat hat seine Stunde der Literatur. Hardy Ruoss, der Anführer, verteidigt Gertrud Leuteneggers Roman »Pomona« gegen die drei anderen. Die Einwände überzeugen und erinnern mich an meine Lektoratszeit mit ihr. Ich hatte oft den Eindruck, ihre Sprache müsse, wie ihre Kleider, ausgelüftet werden, zu viel des Dörflichen. Es hat sich also nichts geändert. Der Verteidiger Ruoss aber hat sich zur Aufgabe gemacht, Treue zu üben. Es ist Jahre her, da hatten wir in Zürich ein Radiogespräch. Er war nicht darauf aus, mir ein Bein zu stellen, obwohl es Gelegenheiten genug gab. Danke.

Wie immer, wenn die Sonne scheint, saß ich bei offenem Fenster – ungeachtet der Kälte, die nicht weichen will, obwohl die Sommerszeit begonnen hat, von gestern auf heute.

Daß mich die Flut nicht ersäufe und die Tiefe nicht verschlinge und das Loch des Brunnens sich nicht über mir schließe.[1]

---

1 Ps 69,16; LUT.

Am 23. Dezember haben wir Tante Annemarie beerdigt, dort, wo schon die anderen liegen. Welch ein triumphaler Tag, als wir Hans beerdigten. Wie dezemberlich jetzt, unbarmherzig kalt und feucht, und die Erdklumpen dröhnten auf den Sargdeckel, sie hätte wach werden müssen. Inmitten dieser Klumpen ein paar weiße Rosen, die wir mitgebracht haben. Und dann im Café Central Berge von Kugelhupf. Und dann Heimfahrt und dann Sturz, der die Weihnachtspläne und Jahresendpläne veränderte. Und du warst nur ein halber Trost.

29. März: Die Sonne schlägt mit der Faust gegen die Scheibe, die erste Biene probiert den Lavendel aus auf dem Balkontisch. Auf dem Teppich trockene Forsythienblüten. Nicht mehr lange, und wir sitzen draußen und staunen über die Wolkenleere.

Ich frage mich, warum RW nichts von sich hören läßt. Ich frage mich, warum HP nichts von sich hören läßt. Ich frage mich, warum die Holländer kein Zeichen geben. Einige Stunden sind vergangen. Zusammen mit Frau Hopf Schrank aufräumen.

30. März: Das Buch ist da! Dein Buch: »La création de l'infini Giordano Bruno et la pensée cosmique«[1]. Welch ein Fest. Ich gratuliere dir von einem zum anderen Tag und Jahr. Wir werden bei allernächster Gelegenheit Gi-

---

[1] Buch von Jochen Winter.

ordano einen Strauß oder besser noch ein Exemplar zu Füßen legen.

01. April: Essen im »Cassis«. Gerlinde und Karsten laden zum Geburtstag von Nora und David ein. Es ist der 25. Geburtstag. Ich habe Mitternacht nicht abgewartet, mit dem Taxi nach Hause.

02. April: Heute ist der Geburtstag der beiden. Vor 25 Jahren waren Rolf Staudt und ich zur Messe in Bologna. Dort erreichte mich das Telegramm zur Ankunft der Zwillinge. Zusammen mit Michi Strausfeld ein Glas Champagner in der Hotelhalle.

03. April: Uwe war nicht zu erreichen, gestern und heute nicht – bis jetzt. Ich habe unfreundliche Bilder vor Augen, zumal ich niemanden wüßte, der mir Auskunft geben könnte. Nun aber habe ich ihn erreicht, meine Unsicherheit wischt er vom Tisch.

Wenn ich die Zeitungsseiten überfliege, nehme ich eingehend zur Kenntnis, was auch meine Mutter nicht ausgelassen hat: die Todesanzeigen. Ich habe sie seinerzeit ohne Gefühl nicht gerügt, ich habe geschimpft, ohne zu wissen, wie wichtig die Information ist, vor allem diejenige der Jahrgänge. Der meine ist ohne Zweifel in allernächster Nähe. Wenn ich in dieser Weise an meine Mutter denke, überschwemmt mich ein schmerzendes Gewissen. Wieviel Unzumutbares habe ich ihr zugemutet. Die Mitmenschen wurden nicht müde, mich zu loben. Aber nein, ich war ungeduldig, ich war nicht einfühlsam, ich war sträflich, herzlos, unverzeihlich. In ihrer letzten Stunde hielt ich ihre Hand nicht, sie war kalt und leblos. Ich legte sie zurück unter die Decke, auch dort Kälte, und ich tat so, als sei diese Behutsamkeit Sorgfalt. Ich horchte auf die Atemzüge. Irgendwer hatte mir die drei Stufen genannt, die den Tod ankündigen, auch bei Claus waren sie zu hören. Ich hörte sie, nahm sie wahr, da wurde mir angst und bang, mich fröstelte, da wurde das Letzte spürbar, diese letzten Atemzüge. Ich wollte beten, nur ein Vaterunser, der du bist im Himmel. Aber ich kam nicht weiter, setzte immer wieder an in der Hoffnung, irgendeine Erinnerung trage mich weiter, aber es wollte nicht weitergehen. Bei ihr aber ging es weiter, ein Atemzug und noch einer und noch einer, der Abstand wurde von mal zu mal größer – und aus. Die Nieren haben versagt, sagte der Arzt. So einfach ist das. Aber wo ist ihre Seele? Kein Anzeichen von der Flucht aus dem Körper, der aufgegeben hat. Uwe, oben, hatte ich gerufen im ersten Stadium. Uwe rief Ralf, als das letzte überstanden war. Und dann saßen wir am langen Tisch und mußten die Sprache wiederfinden, die auf heillose Weise abhanden gekommen war. Das Merkwürdige war, daß ich meine Mutter an diesem Tag, der folgenden Nacht und dem darauffolgenden Tag immer wieder rufen hörte, und ich aufsprang, um nach ihr zu sehen. Ich beschwor die Kinder, das Rufen zu hören wie ich. Aber sie hörten es nicht.

24. April 2005: Ein Sonntag. N. hat am Morgen angerufen, das tat wohl. Gestern morgen ist Jón-Philipps Vater gestorben. Ich wäre ihm so gerne begegnet. Statt dessen drei Zeilen: Aber die Seele fliegt auf / leiser als das Zittern des Palmblatts / höher als das Hohelied / Mit der Bitte um Einlaß in ein schreckenloses Land / Wo sich Apfel-, Granat- und Palmbäume treffen, wo sie grünen / ohne Getöse, ohne die Schmerzen der Welt.

Nein, heute läßt uns die Sonne im Stich. Der Aufenthalt auf dem Balkon dauerte nicht mal fünf Minuten. Eine vierte Hummel machte Besuch. Die Nachfahren der geretteten. Das Verlobungsfoto der beiden habe ich aufgestellt, Liebe und Wärme. Segen über Segen, daß es so bleibt.

N. sitzt an seinem Arbeitstisch, ich sitze am Eßtisch, nach langer, langer Zeit. Die Seiten sind durcheinander geraten, die Zeitangabe ist nicht zu rekonstruieren. Ich fürchte, der erste Eintrag in diesem Jahr. Die Post aus Paris ist angekommen, eine vorbildliche Besprechung von Claudine Helft, mit dem Bedauern, daß N.s Gedichte nicht ins Französische übersetzt sind. Ein Anstoß, wer reagiert darauf? Ich möchte meinen Platz in Mainz an N. weitergeben. Ich habe das ernste Gefühl, daß diese Zeit vorbei ist, diese und die andere. So viel Untaugliches an Ort und Stelle. Das Grau der Wolken rottet sich zusammen, wer weiß, was kommt.

Ich sitze vor der Maschine und habe den Mut nicht, das zu schreiben, was ich schreiben möchte. Zwei Anliegen, du weißt es, meine Liebe, sie wird nicht müde. Du aber hast dir zu viel Zeit gelassen, scheinst nicht zu ahnen, wie sehr sich die Kräfte reduzieren. Dies ist das andere Anliegen: Die Aufzählung der Einschränkungen, der Gebrechen, wie sie sich auswirken, wie sie mich ausschließen, so radikal, daß selbst die Träume, die Wunschträume nicht mehr dagegen ankommen. Unser Frühstück, unser Schach, unser Lesen, unser Lachen, unser Atmen, unser Dichten, unsere Zärtlichkeit.

8. Mai: Sonntag, Muttertag. (Weil Gott nicht überall sein kann, schuf er die Mutter.) Das ist mehr als fünfzig Jahre her.

Was mir Mutti vom Muttertag in Schlettstadt erzählt hat: Sie pflückte der Großmama zum Frühstück eine Schüssel Erdbeeren, die kleineren Kinder pflückten Blumen. Alle deckten den Tisch mit Kugelhopf.

In fühlbarer Nähe die Eisheiligen, kalt wie Schnee und Eis. Und Regen, Hochwasser auf dem Balkon. Und als ich zu schreiben begann, war alles nur Ach und Weh, diesen Satz notierte ich auf der Rückseite eines Umschlags. Dann der Anruf von Susanne. Das, was ich N. zu sagen habe, was ich mir fest vorgenommen hatte, mich telefonisch zu befreien, ist wieder nicht geschehen.

Samstag, 11. Juni / Sonntag, 12. Juni 2005: Diese Schafskälte soll bis zum 20. anhalten. Welch ein Irrtum, das soll Sommer sein? Von den armen Schafen ganz zu schweigen. Wie gesagt, Sonntag heute. Am Morgen mit Uwe gesprochen. Bin sehr bedrückt angesichts der Veränderungen, die notwendig sind. Ich wünschte ...

Ich glaubte, die Knospe aus dem Heckenrosenstrauch auf dem Rotenberg irgendwo erhöht hingelegt zu haben. Sie war mir unauffindbar. Jetzt zeigt sie sich auf Seite 25 der Thoor-Gedichte: O Mensch gib acht. Ein Gedicht, das mir trefflich zu Gesichte steht. Nicht nur heute. Wie ich friere, wenn ich brenne. Stichworte für den Schauder, den ich heute in Angriff nehmen will. Vielleicht gelingt es mir, vielleicht nicht. Gespräche mit Jutta und Utta. Ich habe Utta von der fürstlichen Seite in »Aujourd'hui Poème« erzählt (Jochen Winter: »Le poème universel – La poésie à l'xxxx de la globalité«). Sie bat um eine Fotokopie auch in deutscher Sprache, sie weiß jemanden, der vom Fach ist und die französische Sprache beherrscht. Es muß uns gelingen, gemeinsam nach Rom zu gehen, fliegen, bitte nicht laufen. Seit Monaten, fast möchte ich sagen, seit Jahren hat mir die Maschine nicht mehr geklappert. Dann und wann kommen mir Erinnerungen auf den Tisch, zum Beispiel am 21. Mai; Brinkmanns jugendlich gesättigtes Bild anläßlich zweier Publikationen. 1961 hatten wir ihn eingeladen (Schonauer oder ich oder wir beide gemeinsam). Wir saßen in Schonauers großräumigem, mit Gelsenkirchner Barock möbliertem Zimmer und versuchten ein Gespräch in Gang zu bringen. Brinkmann: Gibt es hier Schnaps? Schonauer: haben wir nicht. Brinkmann: dann verpißt euch. Kein gelungener Anfang für ein junges deutschsprachiges Programm. Mit Jakov Lind ging es besser: »Seele aus Holz« war der Titel seiner Erzählungen. *Mein Vater hat mir gesagt, wenn du betest, dann bitte leise. Gott ist ein alter Mann, er verträgt das Geschrei nicht.* Jakov war eine Entdeckung. Einmal haben wir uns gestritten, in seinem Manuskript stand: Sangvögel. Ich korrigierte in: Singvögel. Jakov: Sangvögel kommt von Gesang, als Sangvögel. Eine solche Unlogik ereignete sich auch einmal bei Jurek. Doch die Begründung lautete: Der Autor hat immer recht. Draußen scheint die Sonne für zwei Minuten, dann kommt die Wolke, schluckt sie weg und immer so weiter. Bis zum 20. soll diese Misere bleiben, ich sagte es schon. Handbreit entfernt steht auf dem Tisch Susannes Schale mit den weißen Blüten. Ein Ruhepol für das Auge, für die Seele, ein Berliner Zeugnis.

Schon oft habe ich gedacht, ohne dieses Papier und die Maschine gäbe es kein Leben mehr. Vater tot, Mutter tot, die Söhne anderswo, die Liebe nicht auffindbar, der Sommer hinter den Bergen und immer ist das linke Glas der Brille vor dem linken Auge trüb, so daß ich es blank waschen muß, denn meine Sehfähigkeit läßt nach wie die Hörfähigkeit schon vor Jahrzehnten sich aufgegeben hat. So wie das linke Bein glaubt, bei Schritt und Tritt aufgefordert werden zu müssen, nicht zu stolpern über die hölzerne Schwelle von einem Zimmer ins andere, über die Teppichränder oder die Matte, hier wie da und dort. Nein, ich werde nicht in die Stadt gehen, es regnet. Die ersten Tropfen fielen, als ich das Fenster zum Balkon öffnete. Zwischen den Tropfen keine Unterbrechung mehr, sie sind zum Strich geworden, als gelte es durchzustreichen, um dem Spuk ein Ende zu machen. Bitte, welchem Spuk? Ich habe mich in meinem ungebügelten Seidennachthemd vorübergehenderweise im Spiegel gesehen, zerknittert wie das Gesicht vor der vorüberwehenden Landschaft im Zug – ich schrieb es dir ja. Aber nein, du hast mich nicht beruhigt, du hast ja ein anderes unzerknittertes Gesicht vor dir, was soll denn sein? Und in den Atempausen lese ich das neue Buch unseres Freundes, das insofern mit uns zu tun hat, als er Straßen, Plätze, Situationen beschreibt, die uns bekannt oder völlig unbekannt sind. Ich lese in dem Buch, als ginge ich durch deine Straßen, über deine Plätze hinweg, an deinen Clochards vorbei, an deinen Bänken (vier Minuten nach 11 Uhr). Durch das dichteste Gewölk haucht die Sonne einen Schein und wirft das Fensterkreuz auf den Teppich, da muß man doch aufstehn, das Buch beiseite legen und kontrollieren, ob es tatsächlich aufgehört hat zu regnen. Es hat. Am Sesselgeflecht hängen unbeweglich die Tropfen. Ich stehe auf und schaue hinunter auf die Straße. Da geht eine Frau mit langem schwarzen Haar. Ich muß dir gestehen, daß ich dieses Beiwerk nicht mehr ertrage, es diskriminiert mich, dieses dein nicht zu überbietendes Wohlgefallen. Meine Vorstellungswünsche sind unrealistisch. Oder soll ich mir etwa das Haar schwarz färben lassen und mich zur Schreckfigur verunstalten? Zwei Tauben auf der Fernsehstange gegenüber drehen einander den Rücken zu. Unser Freund hat in seinem Buch einen ›Schlüsseldäumling‹ erwähnt, was mich prompt an meine dunkelbraune Holzschatulle gemahnt. Ich weiß nicht mehr, wo ich sie (in Berlin) erstanden habe, zu einer Zeit, da das Geld so knapp war, daß es unter gar keinen Umständen für eine noch so schöne Holzschatulle reichte, und trotzdem habe ich sie gekauft, mit den üppig geschnitzten Verzierungen und einem Miniaturschlüsselchen, das so klein war, daß ich mir vorgenommen hatte, es zu hüten wie ein Findelkind. Eines Tages aber war es weg. Ich habe einen Aufstand vollführt, als ginge es um einen Diamanten. Habe meine Mitbewohner befragt. Vermutlich sei es beim Staubwischen hinunter gefallen und dann vom Staubsauger verschluckt worden und nimmer wiederzufinden. Oberhalb des Schlüssellochs, auf dem daumenbreiten Deckelrand vier Wasservögel, geschnitzt mit Krönchen auf dem Haupt.

Ich habe Pablo angerufen und meine Benommenheit nach der Lektüre des Buches zu verstehen gegeben. Es hat ihn gefreut – unsere Verständigung war nicht die beste. Ich werde Telekom noch einmal bemühen müssen. Heute morgen (Sonntag) langes Gespräch mit der heimgekehrten Utta. Ab 10. Oktober sind wir erwünscht, sie wartet auf Nachricht.

Inzwischen haben wir – du und ich – telefoniert. Und nun ruft Karin an, komm zu einem Espresso. Gern, gern. Die sonntägliche Gräue tut der Seele nicht gut. Und du sitzt an der Übersetzung. Es regnet Regenfäden.

Montag: Fosamax erledigt. Ich hatte dich angerufen gestern abend. Du warst nicht da, das verstehe ich, ungern. Ich wollte dir erzählen, welche Aufgabe Karin mir gestellt hat, wollte deinen Rat.

Eben hat Frau Feist angerufen: Heute nicht, etwas sei dazwischen gekommen, am Mittwoch um 15.30 Uhr. Wie dem auch sei. Warum nur warte ich auf deinen Anruf? (Vielleicht weil du neugierig sein könntest? Aber es gibt Wichtigeres auf Erden.)

Der Wind, der weht vom Niederrhein. Anmerkungen zu Elisabeth Borchers und ihren Erinnerungen

von Martin Lüdke

Die seligen Zeiten kennen keine Philosophie. Denn noch trennt kein Riss Innen und Außen, das Ich und Welt. »Philosophie ist eigentlich Heimweh«, sagt Novalis, »der Trieb überall zu Hause zu sein.« Mit diesem Motiv setzt »Die Theorie des Romans« von Georg Lukács ein. Hier wird der Kern alles romantischen Denkens enthüllt. Und vielleicht mehr noch, der Urgrund jeglicher Dichtung. Diese Theorie des Romans ist, im Wortsinn, eine romantische Theorie. Sie zielt auf die Epik und trifft doch auch die Lyrik.

In ihren Frankfurter Poetikvorlesungen von 2003 kommt Elisabeth Borchers auf dieses Motiv zu sprechen, das, naturgemäß, auch ihrer Dichtung zugrunde liegt. Sie zeigt es an Eichendorff auf und stützt sich dabei auf dessen Lebens-, will heißen: Verlustgeschichte. Eichendorff verherrliche die Kindheit und empfinde sie als Paradies, eben weil eine Rückkehr in die verlorenen Zeiten unmöglich geworden sei und uns doch immer wieder aus neue vor Augen stehe.

»Das zerbrochene Ringlein« heißt das wohl berühmteste Gedicht von Eichendorff, das mit den Versen beginnt:

»In einem kühlen Grunde / Da geht ein Mühlenrad / Mein' Liebste ist verschwunden, / Die dort gewohnet hat.« Aus und vorbei. Treue versprochen, Treue gebrochen, Ring entzwei. Ursprung ist das Ziel, so hätte Adorno mit einem Wort von Karl Kraus gesagt. Elisabeth Borchers nimmt nun genau dieses Motiv auf und nennt ihr Eichendorff-Gedicht:

Falsches Lied

In einem stillen Grund,
da ging ein Mühlenrad.
Der Müller ist verschwunden,
der dort gemahlen hat.
(…)
Im Hause ist es dunkel,
doch niemand mehr macht Licht.
Nur noch die Mäuse suchen
nach Korn und finden's nicht.

Nein, bitte, das darf nicht als Parodie missverstanden werden. Die Prise Ironie verweist nur auf den zeitlichen Abstand. Auch Elisabeth Borchers geht es, dicht angelehnt sogar an die romantische Vorlage, um einen Verlust – ein Bild des Glücks aus der Kindheit. Das Licht in ihrem Elternhaus, das endgültig erloschen ist und doch stets wieder hervorgebracht werden kann – im Gedicht.

War in Griechenland

bin ihnen begegnet
den Säulen, Göttern und Halbgöttern
den Jahrhunderten und Jahrtausenden
den Touristen und Schwärmern
den Palmen und Tamarisken
Bin heimgekehrt
nicht leichter geworden
immer noch mit derselben
Sehnsucht im Kopf
sie möge nicht enden.

Am 27. Februar 2006 schrieb Richard Kämmerlings, damals noch Literaturredakteur der FAZ, einen Artikel zum 80. Geburtstag der »Schriftstellerin und Lektorin Elisabeth Borchers«. Sie sei, schrieb er, »geachtet und auch gefürchtet«, ihre Rolle als »Ermöglicherin« der deutschen Literatur sei kaum zu überschätzen, schrieb er und bemerkte zudem, dass ihr täglicher Umgang mit fremden Texten seine Spuren in ihren eigenen hinterlassen habe. In ihren Gedichten führe sie den Dialog weiter, den sie mit mit Ko Un, Friederike Mayröcker und Wislawa Szymborska geführt habe. Ihre Gedichte seien im Innersten dialogisch. Und deshalb wünschte sich Kämmerlings, zugegeben »ungebührlich«, selbst etwas zu ihrem Geburtstag, sie möge uns nämlich »noch weitere Erinnerungen schenken.«

Der Wunsch ist in Erfüllung gegangen. Jetzt liegen sie vor – ihre, wenn auch nur fragmentarischen, Erinnerungen. Aber auch sie sind letzten Endes wieder dialogisch angelegt. Schon in ihrem Titel steckt ein (Gesprächs-)Angebot: »Nicht zur Veröffentlichung bestimmt«. Die Offerte ist allerdings gut versteckt. Denn ihr Vorhaben klingt, beim Wort genommen, erst einmal martialisch. Der »rücksichtslose Blick« zurück, auf ein langes (Arbeits-)Leben, auf den Verlag, genauer: die Verlage Luchterhand, Suhrkamp und Insel, auf Autoren, Bücher, Manuskripte. Auch auf Freundschaften, Weggenossenschaften, auf Kollegen, Mitarbeiter, Kontrahenten und Konkurrenten. »Rücksichtslos.« Und dazu noch die Versicherung, dass »kein Pardon« gegeben werden solle. Auf diese Absichtserklärung scheint der Titel gut zu passen. Denn jeder, der irgendwann einmal mit Elisabeth Borchers, der scheinbar nur sanftmütigen Dame mit der warmen Stimme, etwas zu tun hatte, der weiß auch, sie urteilte gerne, schnell und scharf. Zuweilen sogar boshaft.

Die vorliegenden Aufzeichnungen werden schon auf den ersten Seiten diesem Anspruch durchaus gerecht. Das liest sich gut. Das liest man gern. Der auch nur etwas neugierige Zeitgenosse möchte schon gerne wissen, wie es hinter den Kulissen des Literaturbetriebs zugeht, wann Klartext gesprochen wird, wo die Intrigen gesponnen und die Intriganten namhaft gemacht werden, ob und warum gemauschelt wird und wie man seinen Scheffel unters Licht stellen kann. Betriebsgeheimnisse also. Und persönliche Beziehungen. Auch Indiskretionen. In dieser Hinsicht spekuliert der Titel auf ein öffentliches Interesse. Sicher.

Gleichzeitig ist ein Imponiergehabe zu spüren, zu dem sie sich offenbar selbst erst Mut machen musste. »Rücksichtslos«. Nur, wie schon gesagt, dahinter steckt aber auch ein Angebot. Diese Aufzeichnungen könnten nämlich, jenseits aller Öffentlichkeit, einen Adressaten haben, und zwar einen (möglicherweise) einzigen. Und da liest sich dann alles, zumindest vieles plötzlich völlig anders. Denn schon auf den ersten Seiten, auf denen Elisabeth Borchers mit dem einen und der anderen hart ins Gericht geht, kompromisslos ihre Meinung kundtut, schimmert oft noch durch das bitterböse Verdikt eine Art von Liebeserklärung durch.

Elisabeth Borchers war nämlich, auch ihren Gedichten lässt sich das ablesen, ein ganzes, langes Leben lang eine große Liebende. Mir ist nie ganz klar geworden, und normalerweise verbieten sich solche Spekulationen auch, worauf ihre Liebe gerichtet war. »Der Jubel hält an / Er ist zu zweit.« – heißt es in einem ihrer späten Gedichte. Die vorliegenden Aufzeichnungen lassen die Möglichkeit zu, dass sie nicht nur ihren (jeweiligen) Partner geliebt hat, sondern mit ihm zugleich etwas durch ihn hindurch, hinter ihm, was sich vielleicht als »die Liebe selbst« begreifen lässt. Der EINE Geliebte trägt, vermute ich, mehrere Namen. Im Dialog mit ihm melden sich zuweilen auch andere Stimmen. Diese Aufzeichnungen demonstrieren sowohl eine unendliche Nähe zu dem Geliebten, wie auch, oft im gleichen Augenblick, weiteste Ferne. Ihre Wahrnehmung des Anderen bleibt selektiv. Ihr Blick wird durch Projektionen gelenkt. Die vermeintlich »rücksichtslose«

Abrechnung läuft gleichsam aus dem Ruder. Denn es wird, anders als proklamiert, doch »Pardon« gegeben. Es wird – Liebe gesucht. Die mit ihrem zunehmenden Alter zunehmende Gebrechlichkeit und, damit einhergehend Elisabeth Borchers zunehmende Vereinsamung lassen in der Schärfe ihrer Beobachtungen Distanz erkennen, und darin, man mag es paradox nennen, zugleich das Verlangen nach Nähe. Die Ambivalenz, die sich in dem Titelgedicht ihres Gedichtbandes »Zeit. Zeit« ausdrückt, zeigt sehr deutlich, wie sehr es ›das lyrische Ich‹ genießt, Zeit zu haben und um wie viel lieber sie doch keine Zeit gehabt hätte, nicht für den Vogel, nicht für den Lampenfuß und auch nicht für die gemalte Katze.

Zeit. Zeit

Ich muß endlich begreifen
Daß ich Zeit habe.
Zeit für den Vogel auf der Brüstung
Der mit mir redet, im Auftrag.
Zeit für den Lampenfuß
In dem sich das Erdenlicht spiegelt.
Zeit für die Katze im blauen Samt
in kleinstem Format an der Wand

Die Sehnsucht nach dem Anderen, die Hoffnung auf die Anderen, das Verlangen nach Liebe fließt ein in die Verse, die sie dafür findet:

Gesetzt den Fall
sie kämen alle
und machten sich auf den Weg zu Dir

Es sind Wunschgestalten, aus der Wirklichkeit genommen und nun in ihrer Wirklichkeit angekommen. Die Personen, die in diesen Aufzeichnungen auftreten, sind erkennbar und deshalb leicht mit dem Träger ihres Namens zu verwechseln. Doch sind sie zum Teil so aus der Realität gelöst, als schwebten sie, wie der fliegende Robert, erst knapp über dem Boden der Wirklichkeit, um sich gelegentlich ganz von der Realität zu lösen und durch die Wolken hindurch in eine andere Welt zu entschweben. Dabei ist der Wahrheitsanspruch dieser Aufzeichnungen durchaus ernst zu nehmen, allerdings sollte man ihn entsprechend justieren.

Immer dort, wo Gefühle ins Spiel kommen, entsteht eine ebenso reale wie fiktive Welt. Eine Dichterin erzählt ihr Leben als Geschichte. In Fragmenten. Es besteht die Gefahr, diese Bruchstücke mit wirklichen Begebenheiten zu verwechseln. Selbst dort, wo ihre Beschreibung einen fast schon protokollarischen Charakter annimmt, bezeichnen die Daten kein fix und fertiges Resultat, sondern den prozessualen Ausdruck eines Bewusstseins, das die Lizenz beansprucht, Wunsch und Wirklichkeit nach seinem ureigenen Gesetz zu gestalten.

Unvermeidlich bei den Kindheitserinnerungen, den oft nur angetippten kleinen Porträts von Verwandten und Freunden, den Landschaftsbeschreibungen und den begeisterten Beschwörungen früher Sonnenuntergänge, die sie zusammen mit ihrem Vater erlebt hatte. Die Bilder der Landschaften ihrer frühen Kindheit treten immer stärker hervor. Es ist eine einsame Frau, die sich die Welt, in der sie jetzt lebt, selbst erst erschaffen muss. Dass der »Arnold Stadler«, der uns in diesen Aufzeichnungen begegnet, mit dem Arnold Stadler, wie ihn uns die deutsche Literaturgeschichte der letzten Jahrzehnte präsentiert, nicht identisch ist, das versteht sich fast von selbst. Elisabeth Borchers' »Arnold« lässt sich, was seinen Realitätsgehalt betrifft, gut mit Herrn Auersberger in Thomas Bernhards treffend als »Erregung« bezeichneten Roman »Holzfällen« vergleichen. Auersberg(er) gleicht dem Komponisten und frühen Bernhard-Förderer Lampersberg(er) bis auf die Gürtelschnalle und darf doch nicht mit ihm verwechselt werden. Theodor W. Adorno erzählte einmal, um diese Differenz zwischen Realität und Fiktion zu erläutern, von einem gestorbenen Juden, der aus dem Himmel noch einmal kurz zurückgekommen war und dabei behauptete, alles sei genau so, wie man es sich vorstelle, aber eben doch »ganz anders«. Figuren wie »Stadler« und sogar »Martin Walser«, oder »Jochen Winter«, »Klaus Reichert« und »Marie-Luise Kaschnitz« werden in diesen Aufzeichnungen zugleich Kunstfiguren. Fiktionen. Das mag unwichtig erscheinen. Dennoch möchte ich diese Differenz betonen. Denn im Fall der Büchner-Preis-Verleihung weiß ich definitiv, wie stark Elisabeth Borchers ihre Rolle in der Jury stilisiert hat, und zwar um ihrem »Arnold« zu imponieren und ihn damit – ich gestatte mir diese Spekulation – zur Dankbarkeit zu verpflichten. Eine »altkluge« Warnung des »Geliebten«, den »Tag nicht gering zu schätzen«, wird mit der Bemerkung quittiert: »Wenn das so weiter geht, muss ich feststellen, daß dir Büchner nicht bekommt.« (50) Hier stoßen in wundersamer Weise (fiktive) Realität und (reales) Phantasiebild aufeinander.

Gerade im Fall von Arnold Stadler, der Elisabeth Borchers auch in ihrer letzten Zeit nie im Stich gelassen hat, nehmen diese von Wunschvorstellungen durchdrungenen Wahrnehmungen zuweilen eine bizarre Gestalt an. Sie war fähig, buchstäblich eine mit Händen greifbare Realität zu verleugnen. Sie hat sich, und kein Protest half dagegen, ihre Wirklichkeit geschaffen. Und das je älter sie wurde und damit einhergehend je einsamer, desto häufiger.

Dabei darf in diesem Zusammenhang auch daran erinnert werden, dass Arnold Stadler sich nicht nur offen zu seiner Homosexualität bekennt, sondern bereits seit einigen Jahrzehnten (!) mit einem Partner zusammenlebt. Elisabeth Borchers, schon das grenzt an eine literarische Leistung, hat es fertig gebracht, nicht nur diese Tatsache, sondern, sogar in Stadlers Gegenwart, auch diesen Partner vollständig zu ignorieren. Hier wird das Leben in eine Wunschgestalt transformiert. Und das macht nun auch den Reiz, oder sagen wir: einen Reiz dieser Aufzeichnungen aus. Nicht nur, dass das Apodiktische ihrer Urteile dem tastend Unsicheren ihrer Existenz entspricht, überhaupt gründet sich ihre Existenz, je älter sie wird, desto stärker, in einem Begehren, das ihr die wahre Wirklichkeit ersetzt. Freude, Hoffnung, Leid, das alles ist hier verankert. In ihren Poetik-Vorlesungen zitiert sie in diesem Zusammenhang (wie sie sagt: »allerdings ungenau«) Max Frisch: »Ich übersetze meine Lebensprobleme ins Literarische«.

Arnold Stadler selbst schreibt in der von ihm herausgegebenen Sammlung von Gedichten Elisabeth Borchers von der Möglichkeit des Gedichts, gegen die Vergänglichkeit anzuschreiben: »das Gedicht, das bleibt« (281) und zitiert dabei einen ungetümen Begriff aus der Theologie, »Kontingenzbewältigungspraxis«, der meine, »das nicht alles vorbei ist, wenn alles vorbei ist«. Also: Auf der Höhe eines Gedichts sei »nicht alles verloren, wenn alles verloren ist.« Diese Unmöglichkeit sei nur in einem Gedicht möglich. Stadler resümiert diesen Gedanken in der bemerkenswerten Wendung: »Manchmal darf man das Wort ›Gedicht‹ getrost durch das Wort ›Liebe‹ ersetzen.« (282)

Beim Lesen von K.s Gedichten

Ich habe Gedichte gelesen,
die reimten sich wunderbar.
Es reimte sich Garten auf Warten,
der Verräter auf später sogar.
Die dichten Rabatten bestatten
den Falter, das Alter, das Haar.
Und nie sah ich einen Reim so verschwenden und enden
wie Verlieben und Lieben es war.

Mindestens einmal, vermutlich aber öfter, habe ich mit Elisabeth Borchers auch über Nabokov gesprochen, den Aristokraten, der die Literatur liebte wie sonst nur Vera, seine Frau, und die Schmetterlinge, die er, ausgestattet mit Netz und vorzugsweise kurzen Hosen, überall dort zu fangen pflegte, wo das Klima ihr Aufkommen und die Bodenbeschaffenheiten ihre Jagd gestattet hatten. Die Angst, sich lächerlich zu machen, kannte er nicht. Auch in seinen komischen Shorts blieb er ein Herr. Und als Lepideptorologe wurde er ja ohnehin ernst genommen.

Es kann bei Unseld auf der Couch gewesen sein, bei seinem legendären Kritikerempfang. Wir saßen nebeneinander und unterhielten uns noch über die Lesung eines der jungen Suhrkamp-Talente, die Siegfried Unseld gerne den versammelten Kritikern präsentierte, um das erst im nächsten Jahr erscheinende Buch mit einem Aufmerksamkeitsvorschuss zu versorgen. Wir nölten beide etwas über die larmoyante Stimmung, die den ganzen Text durchzogen hatte. Ich kramte mein Paradebeispiel für den aufrechten Gang hervor. Nabokov, von dem man, so behauptete ich, lernen konnte, was eine echt aristokratische Haltung bedeutet.

Vladimir Nabokov, sein Bruder und sein Vater waren auf ihrem eigenen Landgut in der Nähe von St. Petersburg eingeladen von ihrem ehemaligen Dorfschulmeister. Ein mittlerweile altes Bäuerchen, das einst noch Leibeigener der Fürstensippe gewesen war und jetzt die Herrschaft zum Mittagsessen gebeten hatte.

Sie waren kaum eingetreten in die kleine niedrige Hütte, als es schon an der Tür klopfte und ein Diener der alten Fürstin mit einem riesigen Fresskorb erschien, das Zeichen des Vaters, Hand erhoben, Daumen nach rechts gedreht, sofort verstand und auch sofort wieder verschwand, Tür auf, Tür zu, die alten Bauersleute begriffen nichts und staunten. Man setzte sich zu Tisch. Es gab Hasenbraten und die ohnehin vor Aufregung geröteten Gesichter der alten Bauersleute begannen breit zu strahlen, als der Vater, der kräftig zugelangt hatte, den Hasenbraten wortreich über den grünen Klee lobte, obwohl er, so setzt Vladimir Nabokov hinzu, obwohl er Hasenbraten auf den Tod nicht ausstehen konnte.

Die Kehrseite dieser großartigen Haltung, die Nabokov auch in der größten Not nie jammern ließ, war allerdings seine Neigung zu apodiktischen Urteilen, die oft ebenso absurd wie ungerecht waren, dafür aber keinen Zweifel ließen, wie der Autor seine Vorlieben und Abneigungen zu verteilen gedachte. Mich wunderte damals, bei Unseld auf der Couch, nicht im geringsten, dass Elisabeth Borchers sofort mit mir einig war.

Scharf, ungerecht urteilen, das konnte sie auch. Und sie mochte und sie machte es auch. Aristokratisch war ihre Haltung ebenfalls. Und, im gleichen Maße, ihr Auftreten. Den meisten Menschen, die sie kannten, fällt bei der Nennung ihres Namens, »Frau Borchers«, sofort der Begriff »Dame« ein. Sie schien aus einer Zeit zu kommen, in der zwischen Frauen und Damen geradezu kategorisch unterschieden wurde, und signalisierte doch zugleich, dass sie auch als Dame von all den Zugeständnissen, die eine kämpferische Frauenbewegung der Männerwelt abgerungen hatte, durchaus Gebrauch zu machen gedachte, ohne sich mit den emanzipierten Latzhosen gemein zu machen. Zwischen ihrem, ich möchte schon sagen: aristokratischen Auftreten, der stets eleganten Kleidung, einem nicht unterdrückbaren ironischen Blitzen ihrer großen Augen und ihrer sonoren, warmen Stimme, dem offenen, freundlichen Lächeln, das meist ihre Züge, nicht ohne leicht ironischen Ausdruck, umspielte, bestand ein irritierender Kontrast.

Ich schwanke in meiner Einschätzung noch immer zwischen warmherzig und einer charmant verkleideten Kühle. Sie hatte nichts Zögerliches, war schnell mit einem Urteil zur Hand und konnte kompromisslos unbarmherzig verdammen, was ihr missfiel. Dabei war ihre Begeisterungsfähigkeit nicht weniger ausgeprägt. Sie konnte auch, zuweilen hemmungslos, schwärmen. Vor allem aber ließ sie spüren, bei jedem Wort, das sie sprach, es geht ihr um Literatur, vorzugsweise um Dichtung. Große Dichtung. Sie war ihr Lebenselixier.

Alle diese Eigenschaften kamen in ihrer Tätigkeit als Lektorin, sie galt in der Öffentlichkeit sogar als Cheflektorin, intern als prima inter pares, des zu ihrer Zeit renommiertesten deutschen Verlags, Suhrkamp in Frankfurt, mindestens zutage, ob auch zugute, wage ich nicht zu entscheiden. Sie trat stets loyal auf, ließ aber – »unter uns«, und zwar jeweils – keinen Zweifel daran aufkommen, worin sich ihre Einschätzung der Sachlage von der des Verlags und seines unumschränkt dominierenden Dominators unterschied.

Das galt damals zum Beispiel für Martin Walser, an dem ich in den achtziger Jahren einiges auszusetzen fand, von »Meßmers Gedanken« abgesehen, eine Ansicht, die sie, zu meiner Freude, durchaus teilte. Meine Einschätzung von Walser hat sich späterhin sehr stark verändert. Ihre nicht. Da konnte sie ungerecht sein, aber, noch in dem gleichen Augenblick, in dem sie ihr pauschales Verdikt verkündete, konnte sie über eine Formulierung Walsers begeistert aufjuchzen. Ihr Urteil war also voreilig, und auch das wusste sie.

Vor allem in ihrer Arbeit mit den Autoren hatte sie mit der ja an sich dienenden Rolle des Lektors manchmal etwas zu kämpfen. Primäre Aufgabe eines Lektors dürfte wohl die Beschreibung der Differenz sein, die sich zwischen den (impliziten) Intentionen eines Textes und seiner gegebenen Ausführung feststellen lässt. Nicht nur der Ermessensspielraum, der sich dabei auftut, birgt einigen Konfliktstoff, überhaupt liegt es nahe, die Lektoratsarbeit als einen permanenten Kampf um wechselseitige Anerkennung zu beschreiben, der vorzugsweise am heftigsten an Bagatellen ausgetragen werden kann. Am Beispiel ihres Verhältnisses zu Marie Luise Kaschnitz meinte sie »die Unversöhnlichkeit zwischen Autor und Lektor« zeigen zu können. In diesen Auseinandersetzungen ging es nicht um idealerweise die beste Lösung eines Problems oder wenigstens um Kompromisse, sondern um einen Machtkampf. Herrschaft und Knechtschaft.

In den Erinnerungen von Elisabeth Borchers finden sich schon groteske Beispiele einer noch über das Ende hinaus durchgespielten Dialektik von Herr und Knecht. Jakov Lind etwa bestand darauf, »es heiße Sangvögel, nicht Singvögel« und Jurek Becker probierte an einem Beispiel ähnlicher Preislage einmal die Belastungsgrenze seiner Lektorin aus.

Doch zumindest Becker dürfte seine vermeintliche Unterordnung unter die Lektoratsmeinung als offenkundigen Sieg in diesem von ihm ironisch instrumentierten Scheingefechts begriffen haben. Andererseits war sie wirklich stolz auf solche »Kleinigkeiten«, wie etwa ihren Titelvorschlag für einen Roman von André Kaminski: »Nächstes Jahr in Jerusalem«.

Ich vermute, Elisabeth Borchers hat sich manchmal schwer damit getan, ihre dienende Rolle zu akzeptieren. Sie war ja wer. Besonders dann, wenn sie sich nicht hinreichend anerkannt fühlte, das heißt, wenn sie sich auf ihre dienende Rolle reduziert glaubte, konnte sie sehr bissig werden. Die hübschen kleinen Hakeleien, die sie sich bis zu deren Ende mit Marie Luise Kaschnitz geliefert hat, echter Adel zudem, nämlich Marie Luise Freifrau Kaschnitz von Weinberg, geborene Freiin von Holzing-Berstett, zeigen die ganze Ambivalenz eines erbitterten Kampfes nur um das richtige Wort. Es war eben stets auch ein Kampf um Anerkennung.

Ihr Eintritt in die deutsche Literaturgeschichte blieb, vorsichtig gesagt, nicht unbemerkt. *»eia wasser regnet schlaf«*. Ein hübsches, phantasievoll verspieltes Gedicht, das am 20. Juli 1960 von der Frankfurter Allgemeinen Zeitung veröffentlicht worden war, sorgte monatelang für eine, heute nahezu unverständliche, Aufregung in dieser Zeitung, hinter der damals offenbar noch kein kluger Kopf, sondern eher ein bildungsbürgerlich versteinerter Spießer mit grimmiger Miene saß. Es waren die Reste einer Blockwart-Mentalität, in deren Ordnungsvorstellungen die wunderbare Mischung von Elementen des Kinderlieds mit surrealistischen Wendungen den (durchaus begründeten) Verdacht nährten, hier werde dem Anarchismus das Wort geredet. Dazu konnte man damals, und das zielt in die gleiche Richtung, mit der Kleinschreibung allein, richtigen Ärger provozieren. Die Anklänge an den frühen Gottfried Benn und, fast schlimmer noch, den späteren ›Kommunisten‹ Brecht blieben auch nicht ohne Wirkung.

Nach einem Wort des Historikers Ulrich Herbert ging das 19. Jahrhundert endlich zu Ende. Die (frühen) sechziger Jahre markieren die Wende. Die Schilder, die das Betreten des Rasens verbieten wollten, begannen zu wackeln. Die Bahnsteigkarten verloren ihre abschreckende Wirkung. Eine verspätete Moderne setzte sich (langsam) auch in Deutschland, vor allem in der Bundesrepublik durch. Es begann die Zeit der großen, heftigen literarischen Auseinandersetzungen. Hans Magnus Enzensberger, seinerzeit zum »zornigen jungen Mann« deklariert (ein seltsamer Versuch, ihn psychologisch zu entschärfen), hatte sein »Museum der Modernen Poesie« (ebenfalls 1960) präsentiert. Und allmählich erkannten auch die letzten Überlebenden des 19. Jahrhunderts, dass die humanistische Tradition des Wahren, Schönen, Guten, wie sie am Portal der Frankfurter Alten Oper festgeschrieben stand, etwas zu hoch gehängt war. 1960 aber sah sich Elisabeth Borchers wie die FAZ noch mit Anwürfen wie »Volltrunkenheit«, »Verdummung« und »entartete Kunst« konfrontiert.

Ein »eia« ohne Popeija, und ein »schlaf«, den es regnet, genügte noch, um einen gesunden Menschenverstand zu provozieren, dem es immer schwerer fiel, ein Verständnis der sich rapide verändernden Welt zu entwickeln.

eia wasser regnet schlaf

1

eia wasser regnet schlaf
eia abend schwimmt ins Gras
wer zum wasser geht wird schlaf
wer zum abend kommt wird gras
weißes wasser grüner schlaf
großer abend kleines gras
es kommt es kommt
ein fremder

2

was sollen wir mit dem ertrunkenen matrosen tun?
wir ziehen ihm die Stiefel aus
wir ziehen ihm die weste aus
und legen ihn ins gras

mein kind im fluß ist's dunkel
mein kind im fluß ist's naß (...)

Der tote, »ertrunkene Matrose«, entkleidet, wenn auch nur ohne »weste« und »stiefel« ins Gras gelegt, brachte, um im Bild zu bleiben, das (Regen-Wasser-)Fass vollends zum Überlaufen.

Allein mit diesem einen Gedicht hatte sich Elisabeth Borchers in die deutsche Literaturgeschichte eingeschrieben. Ulrich Greiner nannte es darum einmal treffend »ihre ›Blechtrommel‹«. Seitdem ist sie präsent in unserem literarischen Bewusstsein. Und sie ist es geblieben. Mit nur wenigen, schmalen Gedichtbänden hat sie ihren Ruhm bestärkt. Joseph Brodsky bezeichnete einmal das Abwerfen alles Überflüssigen als die Geburtsstunde der Poesie. An dieser Maxime hat sie sich von Anbeginn an orientiert. Lakonie ist ein Kennzeichen ihres Werks.

Der frohe Vogel singt so nah
Als hätt er was zu sagen.
Nun fliegt er fort, nun ist er da.
Er will es uns nicht sagen.

Editorischer Hinweis

Es existierten mindestens drei Kopien dieses Manuskripts, die (nahezu) identisch sind. Selbst die im Besitz von Arnold Stadler befindliche und zur Zeit verschollene sogenannte »Berliner Fassung« scheint keine nennenswerten Abweichungen aufzuweisen. Das mit Schreibmaschine geschriebene Originalmanuskript wurde von Frau Hildegard Premer abgeschrieben und von Elisabeth Borchers noch einmal handschriftlich korrigiert. Diese Korrekturen wurden übernommen. Offenkundige Schreibfehler wurden stillschweigend berichtigt.

Der Text wird, bis auf zwei Ausnahmen, unverändert wiedergegeben. An diesen beiden Stellen waren aus persönlichkeitsrechtlichen Gründen kleine Streichungen (ein Adjektiv, eine Namensnennung) erforderlich.

Anmerkungen bieten, wo nötig und möglich, kurze Erklärungen.

Elisabeth Borchers
Achtundachtzig
Ausgewählte Gedichte

Wohin

Ich bewohne die alten Kleider
Ich sehe zurück
Ich erinnere mich zukünftiger Tage

Durch Wiesen Städte Ozeane
zieht eine Spur
rauchlos und sanft
wie das Fell eines jungen Maulwurfs

Zur Erinnerung an die »Meisterin der Stille« (Marcel Reich-Ranicki): Die schönsten Gedichte einer Lyrikerin, die ein überschaubares, beeindruckendes, einzigartiges Werk hinterlassen hat. Die Gedichte der Elisabeth Borchers haben etwas wundersam Beruhigendes und atmosphärisch Dichtes, sind elegant, unaufdringlich und wohltuend einfach. In einer von Lärm und Gier beherrschten Zeit laden sie ein zum Innehalten, Nachdenken und Zur-Ruhe-Kommen, ohne dass dies das »Programm« der Dichterin gewesen wäre.

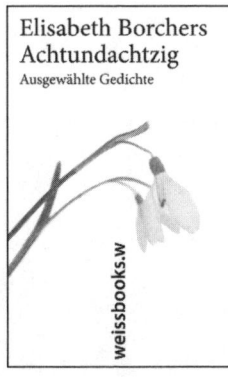

Anya Schutzbach/Rainer Weiss (Hg.)
Mit einem Nachwort von Anya Schutzbach
Büttenbroschur, 111 Seiten
978-3-86337-034-3
weissbooks.com

»Dieses Buch erzählt von den Grenzerfahrungen, denen der Zauberer Martin Walser jeden aussetzt, der sich ihm nähert. Was ich beschreibe, habe ich so erlebt.« Susanne Klingenstein

Susanne Klingenstein
Wege mit Martin Walser
Zauber und Wirklichkeit eines Schriftstellers

Eine gemeinsame Lesereise mit Martin Walser wurde für Susanne Klingenstein eine Reise ins Herz eines anderen Schriftstellerlebens. Wer ist dieser Martin Walser? Wie entstehen seine Romane? Warum versteckt sich der Intellektuelle hinter der Maske des Biedermanns? In diesem Buch geht Klingenstein dem Phänomen Walser auf den Grund – dem Zauberer, dem Verführer und Verkaufsgenie.

»Ein Buch von hohem Erkenntniswert.«
Christoph Schröder, Süddeutsche Zeitung

»Ein vielfach klarsichtiges Porträt des Großschriftstellers und zugleich ein interessantes Kapitel der Geschichte der schwierigen Beziehung zwischen Dichtern und Literaturwissenschaftlern.« Friedmar Apel, FAZ

»Ich bin hellauf begeistert. Ein solch kluges, eindrückliches, wirklich großartiges Buch.« Christa Peiseler, Buchhandlung Akzente, Offenburg

Susanne Klingenstein
Wege mit Martin Walser
Zauber und Wirklichkeit
eines Schriftstellers

Geb., 380 Seiten
mit vielen s/w Fotos
978-3-86337-100-5
Auch als eBook erhältlich
978-3-86337-094-7
weissbooks.com

weissbooks.w

Elisabeth Borchers
Nicht zur Veröffentlichung bestimmt.
Ein Fragment
Herausgegeben von Martin Lüdke
Mitarbeit Ralf Borchers

© Weissbooks GmbH Frankfurt am Main 2018
Alle Rechte vorbehalten

Konzept Design
Gottschalk+Ash Int'l

Satz
Publikations Atelier, Dreieich

Umschlaggestaltung
Julia Borgwardt, borgwardt design
unter Verwendung eines Fotos von
© Günter Pfannmüller

Foto Elisabeth Borchers Seite 2-3
© Suhrkamp Verlag

Druck und Bindung
GGP Media GmbH, Pößneck
Printed in Germany
Erste Auflage 2018
ISBN 978-3-86337-103-6

Dieses Buch ist auch als eBook erhältlich
ISBN 978-3-86337-097-8

weissbooks.com

Herausgeber und Verlag haben sich bemüht, die Rechte des auf Seite 149 abgebildeten Fotos zu klären, was vor Drucklegung leider nicht gelang. Sollte sich der Rechteinhaber finden, bitten wir darum, sich mit dem Verlag in Verbindung zu setzen.

Dieses Buch wurde auf FSC®-zertifiziertem Papier gedruckt. FSC® (Forest Stewardship Council) ist eine nichtstaatliche, gemeinnützige Organisation, die sich für eine ökologische und sozialverantwortliche Nutzung der Wälder unserer Erde einsetzt.